Au Nom Du Maître De Vie Et De Sagesse,
Dont Nulle Pensée N'est Maîtresse

Les Lois Cosmiques

Author
Soudabeh Moghaddasi Bayat

Numéro de série: P2143110066
Titre: Les Lois Cosmiques
Sous-titre: Motivationnel
Auteure: Soudabeh Moghaddasi Bayat
ISBN: 978-1-989880-74-6
Métadonnées: Auto-assistance/Succès/Esprit, corps et esprits
Taille du livre: A5, 5.83 x 8.27 inches
Pages: 184
Éditrice: Kidsocado Publishing House

Kidsocado Publishing House
Vancouver, Canada

Téléphoner: +1 (833) 633 8654
WhatsApp: +1 (236) 333 7248
E-mail: info@kidsocado.com
https://kidsocadopublishinghouse.com
https://kphclub.com

Introduction

Beaucoup de gens passaient la majeure partie de leur vie à chercher un moyen d'avoir du bonheur, de l'argent, de la richesse ou de bonnes relations, mais ils n'obtenaient jamais ce qu'ils voulaient; et après les années ils ont compris qu'ils n'ont pas de chances, ou la chance n'est pas dans leur vie, ils ont pensé qu'ils sont enchantés ou qu'ils doivent avoir de l'argent et le favoritisme, ou peut-être Dieu ne veut pas qu'ils peuvent réaliser et atteindre leurs rêves. Je suis ici pour dire que toutes ces confiances ne sont pas vraies. Ce n'est pas important où vous vivez sur la planète terre ou quelles sont votre famille et votre religion, si je pouvais, vous pourrez également parvenir à tout ce que vous voulez. Dieu est très désireux que vous réalisiez vos désirs. Si vous n'êtes pas satisfait de votre vie actuelle, il faut changer de votre point de vue et de vos croyances. Permettez-moi cette fois de remplir votre esprit avec les bonnes croyances. Vous expérimenterez une bonne sensation en lisant ce livre et vous comprendrez qu'il est facile et réalisable d'atteindre vos rêves. Gagner de l'argent, de la richesse et être bonheur est aussi facile que de respirer. Si vous avez un rêve dans votre cœur, assurez-vous que Dieu a placé en vous la capacité de le réaliser.

Soudabeh Moghaddassi Bayat

Remerciement

Je dédie cette mémoire à mes chers parents, ma famille et à l'ensemble des professeurs qui m'ont accompagné durant ces années.

Barème

La vie 14

L'amour 15

Attirance de l'amour 16

Vous êtes l'aimant 18

La création 21

La réalité 27

La gratitude 28

Jouez un rôle 30

La loi de notre travail 34

J'aide les gens et je l'aime. 36

Comment réaliser les désirs 39

La clé de l'absorption 48

Penser positivement 55

Le tableau des rêves 56

Qu'est-ce que la croyance ? 57

Les questions positives changent votre vie 59

La sensation de la richesse 60

Ne résistez pas 63

L'imagination 66

La victoire 76

La foi 79

Esprit créatif 82

C'est la promesse de Dieu 88

Les paroles affirmatives 90

La prière 97

La fréquence 102

La résistance 111

Oubliez les soucis ! 120

Le signe et l'inspiration 126

La loi de la croyance 127

Comment les croyances se produisent ? 130

Comment trouver les croyances limitatives ? 131

Comment on fait les croyances positives ? 131

Levier de la souffrance et du plaisir 133

Par exemple dites 133

Consciemment et inconsciemment 136

Il dit dans quelques versets 138

La richesse 142

La confiance 145

La santé 150

Le monde est intelligent 153

Les verstes de la bénédiction 156

Qui est responsable de nos malheurs ? 162

La loi de perfectionnement 163

La loi de l'attraction, la fréquence et l'énergie..... 164

Des phrases qui donnent la vie 169

Que la vie est belle 172

La loi de la déviation 173

Quelle est votre mission ? 175

La confiance en soi et l'estime de soi 178

La croyance de l'abondance 180

La dernière parole 182

Au revoir 182

Les Lois Cosmiques

Si vous avez commencé à lite de ce livre, c'est probablement parce que vous recherchez le succès, croyez que vous réussirez. Le succès est acquisitif et vous l'atteindrez avec l'étude et l'expérience. Si vous voulez réussir, vous devez lire un livre tous les jours comme manger. Le livre, c'est la nourriture de votre âme. Vous n'avez de temps pour tout expérimenter, vous devez donc l'apprendre des personnes qui réussissent. L'un des secrets des gens qui réussissent est d'étudier, c'est pourquoi ils ont toujours de bonnes idées en tête. Pour la première fois au monde, nous avons préparé pour vous un processus qui vous présente des biographies de personnes qui réussissaient en exprimant leurs livres... ce processus définit plus de 200 personnes réussies dans le monde. Vous pouvez utiliser ce processus par le site.

Chaque jour, prenez le temps pour lire la biographie d'une de ces personnes. Mais la biographie de certaines personnes est longue, c'est pourquoi vous pouvez les lire en quelques jours. En lisant la biographie de ces personnes, petit à petit le succès sera logique pour vous et vous comprendrez qu'il y n'y a aucune différence entre vous et les gens qui réussissent dans le monde. Je vous permets que votre vitesse pour réaliser de vos rêves sera multiple.

N'oubliez pas que beaucoup de gens choisissent ce processus du succès, mais peu y restent et les autres ne

continuent pas. Je veux vous dire un point très important : le secret est en permanence. Essayez pendant un an pour entraîner votre esprit à réussir. Le succès vous suivra automatiquement. Utilisez nos livres et nos éducations. En plus que nous vous présentons les moyens de réussir, nous vous avons préparé des éducations afin que vous puissiez gagner grâce à eux. C'est l'adresse de notre site www.moghadasii.com
Lisez chaque livre plusieurs fois s'il vous plaît pour bien comprendre ses points.
Le point d'or: entre réalisme et optimisme, choisissez l'optimisme pour réussir.

La vie

C'est votre vie. Il y a les choses positives et les choses négatives dans votre vie que vous les créez avec vos pensées dans chaque domaine que vous pensez, comme : la santé, l'argent, les relations, le métier ou la joie. Vous êtes en bonne santé ou malade, riche ou pauvre, salarié ou chômage, vous avez de bonnes relations ou de mauvaises relations, votre relation est bonne ou critique et complexe, votre travail est passionnant et réussi ou c'est insatisfaisant et frustrant, votre travail est plein de joie ou la plupart du temps vous vous ennuyez. Vous avez des années heureuses ou mauvaises, des bons jours ou des mauvais jours. S'il y a de points négatifs plus que de points positifs dans votre vie, il y a probablement un problème et vous devez modifier vos pensées.

L'amour

Dans le monde, il y a seulement une force, c'est la force de l'amour. L'amour n'est pas seulement un sentiment mais c'est une force positive. L'amour n'est pas faible et incapable. L'amour est une force positive de la vie. L'amour est la cause de toutes les choses positives et bonnes. Il n'y a pas des centaines de forces positives différentes dans le monde. Il y a une différence entre l'amour et l'attachement. Le dernier signifie que vous n'êtes pas heureux sans lui et vous pensez que votre joie c'est être avec lui, mais l'amour signifie que les deux personnes peuvent heureux et s'aimer sans être ensemble. Ne construisez pas de cage pour votre amour, s'il vous plaît. Les grandes puissances dans la nature comme, la force de gravité et la force du magnétique, sont invisibles à nos sens, tandis que leur force a été prouvé. Pareillement, la puissance de l'amour est invisible pour nous, alors qu'il est bien plus grand que les autres pouvoirs de la nature.
Il y a la puissance de l'amour dans partout du monde. L'amour est une force qui fait progresser de chaque personne. L'amour, c'est la source de ce que vous voulez faire ou avoir. Sans l'amour vous ne pouvez pas se développer. Sans l'amour, il n'y a pas de aucune force positive qui vous oblige à vous lever très tôt, à travailler, à vous amuser, à parler, à apprendre, à écouter de la musique ou en général à faire ce que vous voulez. C'est la même force positive de l'amour qui vous motive à faire, à entendre et à avoir ce que vous voulez.
L'amour, c'est le plus puissant dans le monde tandis qu'il est inconnu.

Attirance de l'amour

Quelle est la force d'attraction? La force de l'amour, c'est la force d'attraction. Quand vous sentez que vous êtes attiré vers votre nourriture préférée, cela signifie que vous ressentez de l'amitié et de l'amour pour ce repas. Sans l'amour, vous n'aurez aucun sentiment pour ça et vous aurez un sens commun de tous les repas. Vous ne comprenez pas si vous aimez quelque chose ou non, car vous n'êtes pas attiré par quelque chose.

La loi de l'attraction ou la loi de l'amour…sont les mêmes. Quoi que vous pensiez dans votre vie, vous recevrez la même chose dans la vie. Selon la loi de l'attraction, ce que vous dédicacez dans votre vie, la même chose reviendra vers vous. Si vous dédicacez positivement, vous recevrez la même chose positivement. Si vos pensées sont négatives, vous les recevrez comme négativement. Dédicacez positivement, afin que votre vie soit pleine d'événements positifs. Si vos pensées soient négatives, votre vie sera pleine d'événements négatives… comment vous présentez les points positifs et négatifs? Par vos pensées et vos sentiments.

Ce que vous donnez, vous le recevrez. Si vous aidez quelqu'un dont sa voiture a été crevée dans la rue, certainement la même aide viendra très vite vers vous. Quand vous êtes triste par un membre de votre famille qui vous a ennuyé, vous recevrez la même colère à l'avenir.

Est-ce que vous voulez savoir quelles personnes Dieu aime et quelles personnes il n'inclut dans son amour?

58ème verset de la sourate Al-Infal : certainement, Dieu n'aime pas quiconque qui est traitre.

38ème verset de la sourate Al-Hajj : Certes, Allah n'aime pas traître ingrat.

Les Lois Cosmiques

76ème verset de la sourate Al-Qasas : Certes, Allah n'aime pas les gens arrogants.

107ème verset de la sourate An-Nisa : Certes, Allah n'aime pas le traître et le pécheur.

190ème verset de la sourate Al-Baqara : Certes, Allah n'aime pas les transgresseurs.

36ème verset de la sourate An-Nisa : Car Allah n'aime pas, en vérité, le présomptueux, l'arrogant.

77ème verset de la sourate Al-Qasas : Certes, Allah n'aime pas les corrupteurs.

18ème verset de la sourate Luqman : Certes, Allah n'aime pas le présomptueux plein de gloriole.

156ème verset de la sourate Al-Baqara : Qui disent, quand un malheur les atteint : Certes, nous sommes à Allah, et c'est à Lui que nous retournerons.

134ème verset de la sourate Al 'Imran : Alla aime les bienfaisants.

222ème verset de la sourate Al-Baqara : Allah aime ceux qui se repentent, et Il aime ceux qui se purifient.

134ème verset de la sourate Al 'Imran : Allah aime les bienfaisants.

146ème verset de la sourate Al 'Imran : Allah aime les endurants.

159ème verset de la sourate Al 'Imran : Certes, Allah aime ceux qui Lui font confiance.

13ème verset de la sourate Al-Ma'ida : Certes, Allah aime les bienfaisants.

4ème verset de la sourate Al-Tobeh : Certes, Allah aime les pieux.

9ème verset de la sourate Al-Hujurat : Certes, Allah aime les équitables.

Vous êtes l'aimant

Selon ce que vous pensez dans la vie, le monde les renverra à votre vie, sans hésiter. Dans la vie, vous attirez et recevez beaucoup de choses comme un aimant, tel que : la richesse, la santé, la communication, l'emploi et tous les événements et les expériences de votre vie. Si vos sentiments et vos pensées sont positives à propos de l'argent, vous attirerez des situations, des personnes et des événements positifs qui augmenteront votre argent dans votre vie. Inversement, si vos pensées et vos sentiments sont négatives à propos de l'argent, vous attirerez les conditions qui réduisent l'argent dans votre vie.

Ceux qui ont une belle vie, parlent beaucoup à propos de ceux qu'ils aiment, car ces paroles augmenteront leur accès à toutes les bénédictions de la vie. Parlez seulement de ce que vous aimez et l'amour vous libérera!

Tout est possible à l'aide de l'amour. Votre situation n'est pas important, la force de l'amour peut vous libérer.

Quoi que vous donniez à la vie, la vie vous le donnera. Si vous êtes positif, vous recevrez la positivité, et si vous êtes négatif, vous attirerez plus de choses négatives.

Rien n'arrive par hasard dans la vie. Ceux que vous envoyiez, vous le recevrez en conséquence. Il n'y a aucune chance. Tout est selon l'ordre, et l'ordre a été fait selon la loi de l'attraction. Il n'y a pas d'injustice.

Sans émotions, les pensées et les paroles n'ont aucun pouvoir dans la vie. Pendant la journée, vous pensez à beaucoup de choses qui sont vaines, car beaucoup de pensées ne créent pas de sens forts pour vous.

Ne vous inquiétez pas, car vos pensées, vos paroles et vos actions sont bonnes… en ayant un bon sentiment, garantit que si vous envoyez de l'amour de vous-même, cet amour reviendra vers vous sans aucun doute!

Les Lois Cosmiques   19

Si la plupart du temps vous ne savez pas si vous êtes bien ou mal, vous pensez probablement que vous êtes dans une situation émotionnelle et positive, mais en fait vous n´êtes pas bien… si vous vous sentez mal et puis vous sentez que vous n´êtes ni bien ni mal, cela signifie que vous n´êtes pas bien.

Parfois, quand vous vous sentez que vous n´êtes ni bien ni mal, la plupart du temps, c´est un sentiment négatif, parce que cela n´est pas un bon sens. La bonne humeur, c´est le bien sens! la bonne humeur, c´est-à-dire que vous êtes heureux, folâtra, désireux, excité ou sémillant.

Quand vous pensez à l´argent, tout ce que vous émettez à propos de l´argent, vous seront reflétées par vos sentiments.

Quand vous pensez à l´argent, si vous n´êtes pas bien à cause de n´avoir pas assez d´argent, c´est pourquoi vous recevrez des situations et des expériences négatives car vous n´avez pas d´argent, parce que vous-même avez émis ce sentiment négatif. Lorsque vous pensez à votre emploi, vos sentiments vous rappellent quelle émotion vous devez émettre à propos de votre emploi. Si vous vous sentez bien pour votre emploi, certainement vous recevrez des situations et des expériences positives, car vous avez émis un sentiment positif. Quand vous réfléchissent à la famille, à la santé ou à tout autre sujet important, vous pouvez comprendre votre émotion par les sentiments.

La vie n´arrive pas par hasard. La vie réagit à vos pensées. Ce que vous voulez, c´est à cause du bon sentiment qu´ils vous donnent.

Maintenant, comment vous pouvez obtenir les bonnes choses que vous voulez pour votre vie?

Avec de bons sentiments!

Vous devez réfléchir de bons sentiments pour les attirer vers vous. L´argent, la richesse et la santé attendent que vous les appeliez. Vous n'avez pas besoin de changer vos situations de la vie par combattre ou en protestant, mais il faut émettre l'amour par de bons sentiments pour avoir tout ce que vous voulez!

Dans la vie, tout vibre et tout a une fréquence magnétique, comme vos sentiments et vos pensées. Avoir le bon sentiment signifie que vous êtes sur la fréquence positive de l'amour, et le mal-être signifie que vous êtes sur la fréquence négative.

La fréquence détermine, et vous attirez des personnes, des événements et des situations qui sont sur la même fréquence, comme un aimant.

Si vous voulez savoir le secret de l'univers, vous devez accepter vos pensées selon l'énergie, la fréquence et la vibration.

Chaque seconde est un temps pour changer votre vie, car la plupart du temps, vous pouvez changer et modifier vos sentiments. Votre sentiment préalable n'est pas important, ce n'est pas très important que vous avez ruiné votre vie, quand vous changer le type de vos sentiments, vous pouvez envoyer des vibrations positives et en même temps la loi de l'attraction vous réagira rapidement!

Essayez de changer votre vocabulaire. Il faut supprimer les mots négatifs comme, la peur, la haine, la turpitude, le radotage, le délabré et les autres mots similaires dans votre dictionnaire, car lorsque vous utilisez ces mots, cela se reflète sur vous, signifie que vous vous attribuez des défauts involontaires et vains!

Pourquoi vous ne parfumez pas votre bouche avec de belles paroles? vous ne savez pas qu'il est préférable d'utiliser des comme merveilleux, beau, intéressant, étonnant et excellent?

Les Lois Cosmiques 21

Probablement, vous avez expérimenté d'avoir de la chance l'une après l'autre... seulement pour une raison, c'est que vous avez fait l'amour comme négative dans votre vie. Contrairement, quand la situation est mal, les malheurs se produisent dans votre vie l'un après l'autre, peut-être vous avez été plus négatif, c'est pourquoi plus d'événements négatifs se produisent dans votre vie et également vous attirerez plus de choses négatives. C'est un point très important. Si vous ne pouvez pas quitter cette chaîne fautive, vous devez attendre beaucoup d'événements négatifs dans votre vie. Lorsque vous vous réveillez le matin et comprenez que vous êtes triste et que vous vous ennuyez, c'est pourquoi vous devriez réfléchir aux pensées de quelques jours avant, alors vous vous rendrez compte que vos pensées au cours de dernières jours étaient négatives.

Pour changer votre vie, il faut être positif par des sentiments positives au cours de la journée pour longtemps et profiter pleinement de la vie. Pour ce faire, vous devez métier consciemment à des choses positives, car chaque événement a 2 aspects : positif et négatif. Vous devez choisir quel aspect est bien pour regarder et réfléchir. Ceux qui regardent et pensent à l'aspect positif de quelque chose, sans doute, ils ont une vie confortable.

La création

Au début, il faut visualiser ce que vous voulez. Sans visualiser, personne ne réussit. N'oubliez pas que la visualisation doit être avec une bonne sensation.

Lorsque vous visualiser quelque chose, vous devez avoir le vrai amour pour cette chose. Vous devez vous assurer que vous avez obtenu ce que vous avez voulu et vous

devez remercier Dieu pour cela. Si vous réfléchissez à ce que vous ne les avez pas, vous vous sentirez déficient, c'est pourquoi vous aurez le sens du mal.
Le point d'or : Avant de réaliser vos rêves, vous devez métier que vous les avez et commencez à remercier.
N'oubliez pas que toutes vos envies sont dans le monde, vous devez seulement se placer sur l'orbite de vos rêves par remercier Dieu pour ces faits.
Il faut demander ceux que vous voulez et les aimer par cœur. Si vous n'êtes pas désireux pour vos rêves, vous ne pouvez pas les créer.
Vos pensées sont comme le boomerang, lorsque vous les jetez, ils vous reviennent. La loi de l'attraction est comme une machine à photocopier qui ne fait pas erreur. Ce que vous donnez; vous recevrez la même chose.
Il y a tout dans le monde. Seulement il faut les demander. Donc, lorsque vous imaginez la maison de vos rêves, en conséquence il a la même maison dans le monde. Si cette maison n'existait pas auparavant, il est impossible que vous pouvez l'imaginer.
Quand vous faites le trémolo par vos bonnes émotions, vous créez un champ magnétique qui vous entoure complètement.
Donc, où que vous voulez aller, ce champ sera chez vous. Comme une lumière vous entourera.
Le halo qui entoure chaque personne, c'est en fait le champ électromagnétique. Et vous absorbez chaque chose dans la vie à l'aide de la propriété magnétique qui vous entoure. Se sont vos sentiments qui déterminent que votre champ doit être positif ou négatif!
Est-ce que vous voulez croire que votre désir est très grand? Mais cette façon de penser éloigne votre point de vue de votre désir. Lorsque vous pensez qu'une chose est vraiment grand, en fait vous rappelez à la loi de l'attraction

Les Lois Cosmiques

que votre désir est très grand, et il est difficile à le réaliser et il prendra probablement beaucoup de temps. Vous avez raison, car vous recevrez tout ce que vous méditez et ressentez. Si vous réfléchissez que votre désir est vraiment si grand, vous le recevrez tard, tandis que pour la loi de l'attraction, être grand ou petit, même le temps ne sont pas importants.

Si vous recevrez un désir plus tard, c'est à cause de votre doute qui vous fait perdre une dotation.

Si vous avez compris que votre foi s'est affaiblie, parlez à Dieu pour vous calmer. Il faut croire en Dieu qui est capable. La plupart des hommes disent qu'ils font confiance à Dieu, tandis qu'ils font contrairement. Ils sont impatients et croient que, c'est Dieu qui est la cause de leur malheur, et disent : Dieu ne voulait pas que nous puissions réaliser nos rêves. En fait, ils blâment Dieu au lieu de leur affaiblissement et leur incapacité. Ils ne veulent pas accepter la responsabilité de leur vie.

Les sentiments sont dans votre intérieur. Vous devez utiliser ce moyen pour obtenir tout ce que vous voulez. C'est le seul moyen.

Si vous voulez imaginer quelque chose, imaginez l'amour et le sentiment de ce que vous voulez… Imaginez la situation que vous l'aimez et sentez que vous êtes dans cette situation que vous avez l'imaginez. Chaque jour, imaginez 20 minutes, ceux que vous voulez avoir, sont pour vous. Tous les jour fait-le afin de sentir que, ceux que vous voulez, vous les avez auparavant. Faites ce faire pour être stable dans votre mémoire.

Mettez votre vie dans la joie et la remplissez de bonheur. Si vous êtes heureux, vous vous sentirez bien, en conséquence vous recevrez de bonnes choses. Etre bien et heureux vous fait avoir tout ce que vous aimez dans la vie. Au contraire, si vous voulez vivre ou mener la vie

durement, la vie vous donnera la dureté. Vous êtes puissant et vous pouvez vivre comme vous souhaitez, car vous avez le pouvoir de changer votre vie. Alors, essayez d'avoir de bonnes sensations.
Le destiné n'est pas par hasard, c'est-à-dire le hasard n'existe pas dans la vie, ça dépend du choix.
C'est votre vie. Je dis fermement : toutes vos expériences sont le résultat de vos pensées et de vos sentiments. Même, si vous ne le croyez pas : votre vie n'est pas par hasard... votre destiné dépend de vous-même. Vos pensées et vos émotions déterminent l'avenir de votre vie.
La vie est comme un menu ; et c'est vous qui choisissez, seulement. Choisissez tout ce que vous aimez dans ce catalogue !
Lorsque vous voyez la voiture de vos rêves, l'époux(se) préférable, un corps en forme, des enfants ou les propriétés excellentes dans quelqu'un, cela signifie que vous êtes dans la même fréquence ! exultez et soyez heureux, car c'est le goût et l'envie qui choisissent ces choses pour vous et déterminent votre destin.
La jalousie vous éloigne de ce que vous voulez, car c'est un sens négatif. En fait, vous attirez la négativité et vous vous éloignez de ce que vous voulez par cette force négative.
Créez votre vie. Quelle est votre opinion à propos de vous-même? Est-ce que vous croyez que vous pouvez faire certaines activités et que pour les autres vous êtes incapable? Si quelqu'un vous dit que vous êtes incapable que les autres, ne l'écoutez pas et il ne faut pas être important pour vous. Ces paroles vous affaiblissent et diminuent votre confiance en vous. N'écoutez pas aux paroles de quelqu'un qui dit : vous ne pouvez pas faire une telle activité. Vous devez dire : probablement, vous ne pouvez pas le faire, mais je peux.

Les Lois Cosmiques 25

Vous êtes une personne méritante. Vous êtes assez bien maintenant. Si vous pensez que vos activités et vos faits n'étaient pas bien, vous pouvez recommencer. Vous pouvez vous pardonner. Ignorer le passé et commencez à nouveau.
Est-ce que les choses que le monde, c'est que vous voyez? Est-ce que les choses que vous ne les voyez pas, c'est-à-dire qu'elles n'existent pas? En fait, même la couleur que vous voyez dans un objet, n'est pas sa couleur réelle. Chaque objet absorbe toutes les couleurs qu'il a, puis il reflète la couleur qu'il ne l'a pas, alors il y a chaque couleur dans le ciel sans bleu. Il y a beaucoup de sons que vous ne pouvez pas les entendre, car leur fréquence est plus haute de votre champ auditif, mais ils sont réels. Vous ne pouvez pas voir la lumière infrarouge et ultraviolette, car leur fréquence est plus haute de votre champ visuel… Si vous imaginez toutes les fréquences connues comme la taille d'une montagne, dans cette situation toutes les choses que vous pouvez les voir sont plus petites qu'une balle de tennis.
Probablement, vous croyez que la vie réel a été composé par les objets tridimensionnel visibles et tangibles ; mais dans la réalité, rien n'est tridimensionnel ; la voiture que vous êtes y assis contient la force mobile de l'énergie et de l'espace. Cependant, une voiture à quel point peut être réelle?
Attention ! nous pouvons créer comme Dieu. Dieu est le créateur de l'Univers. Toutes les particules de l'Univers sont intelligentes. Nous pouvons annoncer nos souhaits à l'Univers, mais comment une volonté est créée? Dans le texte du Coran, nous voyons plusieurs fois la création instantanée de Dieu et son pouvoir d'inspiration et sa création à partir de rien. Tout semble produire très vite et

le temps n'a pas de sens. C'est " sois " et la chose est. Et cette commande contient l'Univers.
- (Al-Baqara, 117)
Il est le créateur des cieux et la terre. Quand Il décide une chose, il dit seulement : "Sois" et la chose est.
- (Al-'Imran, 47)
Elle (Maryam) dit : <<Mon Dieu, comment je peux avoir un enfant, tandis qu'un humain ne m'a touché? >>
Seigneur dit : << C'est ainsi >>. Allah peut créer ce qu'il veut. Quand il décide qu'une chose se fasse, il dit seulement : << Sois >> et la chose est.
- (Al-'Imran, 59-60)
Certes, Jésus est comme Adam chez Allah qui le créa par la poussière, puis il lui dit : << Sois >> et la chose fut. La vérité est de ton seigneur. Donc ne sois pas de ceux qui doutent !
- (Al-Ghafir, 68)
C'est Lui qui donne la vie et la mort. Puis lorsqu'il décide une affaire, Il lui dit :
<< Sois >> et elle est aussitôt.
- (Al-Nahl, 40)
Lorsque nous voulons une chose, nous disons seulement : << Sois >> et elle est.
- (Maryam, 35)
Il ne convient pas à Allah de s'attribuer un fils. Gloire à Pureté à Lui ! Quand Il décide une chose, Il dit seulement : << Sois >> et elle est.
- (Yasin, 82-83)
Quand Il veut une chose, son ordre consiste à dire : << Sois >> et elle est immédiatement. Gloire à celui qui détient en sa main la royauté sur toute chose. Et c'est vers Lui que vous serez ramenés.

La réalité

Il y a le monde et les autres possibilités que vous ne pouvez pas les voir, mais ils existent. Vous devez commencer la réalité différente ! Vous devez reconstruire et refaire votre vie. Parce que, quoi que vous dites, bon ou mauvais, la loi de l'attraction vous assure que vous avez reçu.

La réalité de la vie de chaque personne est différente des autres. Vous expérimentez dans la vie, toutes les choses que vous les croyez, par exemple : si vous croyez toujours qu'il n'y a pas de bonne fille ou de bon garçon, le monde vous mettra dans cette situation. En fait, quoi que vous croyez, vous les voyez dans la réalité.

Si vous croyez toujours que vous êtes une victime dans votre vie, alors vous le répéterez plusieurs fois. Si vous dites que je ne suis pas intelligent que les autres hommes, je ne suis pas attractif ou les pensées comme je ne suis pas capable comme les autres, vous avez raison, car le monde vous le montre.

Anthony Robbins dit dans son livre, les questions quantités : changez vos questions afin de changer votre vie. Ce livre est dans le site, téléchargez gratuitement, puis le lisez ou l'écoutez.

Une façon de poser des questions, c'est poser des questions positives.

Posez des questions que leurs réponses vous font vous sentir bien, par exemple : Qu'est-ce que j'aime ? Combien j'aime les bonnes personnes ? Qu'est-ce qu'il y a d'autres choses que je les aime ? Qu'est-ce que je peux voir qui peut vraiment me rendre heureux ? Qu'est-ce que je peux voir pour être heureux ? Qu'est-ce que je peux voir que je les attends dans mon esprit ? Pour quelles bénédictions, je dois remercier Dieu ? Qu'est-ce que j'aime entendre ? Quand vous posez ces questions mentales, votre esprit doit

les répondre immédiatement. Quand votre esprit est en train de répondre à vos questions, vous oubliez immédiatement des autres pensées.
Si vous ne contrôlez pas votre esprit, il sort parfois de la route comme une voiture de frein qui a cassé. Vous êtes chauffeur de votre esprit, alors le contrôlez, et l'occupez par vos ordres comme où il faut aller... Si vous ne dites pas à votre esprit où il faut aller, il ira où il veut. L'esprit est très rebelle. Il faut le contrôler. L'esprit fait comme une ennemie pour ceux qui ne le contrôlent pas.

La gratitude

Sans remercier, vous ne pouvez pas être riche. C'est la gratitude qui vous relie à la richesse.
Je connais beaucoup de gens qui n'étaient pas dans une bonne situation, mais leur vie a changé grâce à la gratitude. J'ai vu des choses qui étaient nouvelles pour moi.
Tous les sauveurs du monde ont utilisé de la gratitude, car ils savaient que la gratitude est la plus haute expression de l'amour et le taux de sa vibration est élevé. Ils savaient que s'ils remercient, ils vivraient en harmonie exacte avec la loi de l'attraction.
Maintenant, commencez à remercier Dieu pour ceux que vous avez.
Dans ce monde, vous pouvez choisir la personne que vous l'aimez le plus et remerciez pour l'avoir.
Albert Einstein est le plus célèbre et c'est l'un des plus grands scientifiques qui ait jamais vécu. Ses découvertes ont changé notre point de vue de l'Univers. Lorsqu'on a posé sur les développements historiques, Einstein n'a parlé que de remercier les autres. L'un des hommes le plus intelligent du monde, remercia les autres pour tout ce que

Les Lois Cosmiques   29

lui avaient donné_ cent fois par jour, c'est-à-dire Einstein faisait l'amour au moins cent fois par jour. Il savait que la gratitude avait le plus haut degré de vibration.
Remerciez Dieu pour tout ce que vous avez, s'ils ne sont pas beaucoup, vous les recevrez beaucoup. Si vous remerciez Dieu pour le peu d'argent que vous avez, vous aurez plus d'argent. Si vous remerciez Dieu pour une relation, si cette relation n'est pas excellente, elle s'améliorera de jour en jour par la puissance de Dieu... si vous remerciez Dieu pour avoir votre emploi, si cet emploi n'est pas l'emploi de vos rêves, vous obtiendrez une meilleur d'offre d'emploi, car la gratitude est la productrice la plus importante de la vie !
Si la seule prière que vous dites dans votre vie, c'est Dieu merci, cela suffit.
Il y a de nombreuses façon d'utiliser le pouvoir de la gratitude dans votre vie, écrivez-les et remerciez pour les avoir. Remerciez Dieu pour toutes les bénédictions que Dieu vous a données dans votre vie.
Remerciez Dieu pour tout ce que vous recevrez dans la vie. Il est impossible de vous sentir la tristesse ou tout autre sens négatif. Si vous êtes dans une situation difficile, cherchez quelque chose pour remercier Dieu. Quand vous trouvez quelque chose, cherchez une autre, puis l'autre, parce que chaque chose que vous trouvez, changera votre situation. La gratitude est comme un pont entre l'enfer que vous l'avez construit et le paradis.
Remerciez Dieu, lorsque des biens vous arrivent pendant le jour. Remerciez dans toutes les situations, comme lorsque vous trouvez une bonne place pour parquer, quand vous arrivez le carrefour et que le feu de circulation est vert, quand vous trouvez une place libre dans le bus ou le train, dans toutes ces situations, remerciez Dieu.

Remerciez Dieu pour le système immunitaire qui vous maintient en vie, pour tous les organes de votre corps qui vous maintiennent en bonne santé afin que vous puissiez survivre. Remerciez Dieu pour avoir le merveilleux esprit que l'ordinateur. Tous les organes de votre corps vous servent gratuitement comme un grand laboratoire, qu'il n'y a rien comme ça dans le monde.

Il faut remercier Dieu pour des arbres, des animaux, des océans, des oiseaux, des fleurs, des plantes, le ciel bleu, la pluie, des étoiles, la lune et notre belle planète. Vous devez remercier Dieu pour prendre la respiration.

Remerciez Dieu, car ça n'a pas de coût, mais c'est plus précieux que toutes les richesses du monde. Avec la gratitude, les bénédictions de la vie comme la pluie, pleuvent sur votre vie, et votre vie s'enrichit, car pour tout ce que vous remerciez Dieu, cela augmentera !

Jouez un rôle

Pour améliorer dans votre vie, il y a seulement un moyen fiable, c'est de créer un jeu et le jouer à l'aide de votre imagination. Jouer est une sorte de divertissement, donc vous avez bien lorsque vous jouez. Si vous regardez bien des films sur ma télévision, vous voyez que certains acteurs jouent toujours le rôle des personnes riches, et d'autres acteurs jouent toujours le rôle de bas niveau. Ils sont les mêmes rôles dans leur vraie vie. Imaginez que Trump joue le rôle d'un homme pauvre, il ne le peut pas car il n'a pas l'aire d'être pauvre et il ne leur ressemble pas. Dans sa vraie vie, également il a choisi le rôle des personnes riches, c'est pourquoi le monde ne lui donne le rôle d'un pauvre, car il est mentalement riche. S'il a perdu de la richesse, il le regagnera.

Les Lois Cosmiques 31

Il faut profiter de la vie. Jouez avec la loi de l'attraction. Créez des joies à l'aide de votre imagination, car le monde ne comprend pas votre imagination ou que vos actions sont réelles ou non. Quoi que vous donniez à votre imagination et vos émotions, elles deviennent réelles!
Comment vous jouez? Exactement comme les acteurs. Faites exactement les actions que vous les faites quand vous êtes riches...
Albert Einstein: La logique vous mènera d'un point A à un point B, mais l'imagination vous amène partout.
Jésus Christ: Tout est possible pour quelqu'un qui croit.
Quelle est votre sensation à propos de l'argent? La plupart des gens disent qu'ils aiment l'argent, mais s'ils n'ont pas assez d'argent, bien sûr ils ne s'en sentent pas bien. Si une personne a d'argent selon ses besoins, elle se sent certainement bien à propos de l'argent.
La seule différence entre les riches et les autres, c'est que leurs bien sens pour l'argent est plus que leur mauvais sens.
La raison que la plupart des gens se sentent mal pour l'argent, c'est qu'ils ont opinions négatives à propos de l'argent et quand ils étaient enfants, ces pensées négatives ont trouvé dans leur subconscient des opinions comme: manque de capacité financière, l'argent n'est rien, des gens riches sentent probablement fraudeurs, vouloir de l'argent n'est pas bien car ce n'est pas spirituel, avoir plus d'argent, c'est travailler toute la journée, avoir de l'argent ne signifie pas être humain et ... La plupart des gens apprennent ces opinions par leur famille.
Quand vous comprenez qu'il n'y a aucune pénurie pour vous, dans le monde tous vous appartiendra.
Votre situation financière, votre emploi, le monde ou le pays où vous vivez, ne sont pas importants. Il n'y a pas de situation inorganisé. Il y avait beaucoup de gens qui

vivaient dans la période de la stagnation économique, mais leur situation a prospéré, car ils connaissent la loi de la centralisation et de l'attraction. Ils ont attiré tout ce qu'ils voulaient par cette loi selon l'imagination et l'émotion et ils n'ont pas capitulé pour avoir leur situation et aussi ils ont reconstruit leur vie.

Si vous changez vos opinions à propos de l'argent, il changera dans votre voie. Si vous vous sentez bien pour l'argent, vous attirerez plus d'argent.

Pour changer votre sentiment, il faut imaginer vos facture pleine d'argent. Vous pouvez imaginer que ce ne sont pas des factures, mais en raison de votre générosité, vous décidez d'offrir l'argent à l'entreprise ou à une personne pour leur service. Imaginez que ces factures sont des chèques reçus et utilisez la loi de la gratitude et remerciez l'entreprise qui vous a envoyé cette facture. Par exemple, pour les facteurs d'électricité, vous pouvez remercier l'office d'électricité à cause d'utiliser ses services. Vous pouvez écrire sur vos factures: Dieu merci pour ce chèque. Si vous n'avez pas d'argent dans ce moment pour la payer, écrivez: Merci pour l'argent. Le monde ne vous pose pas de questions sur la réalité de votre imagination et de vos sentiments. Seulement il réagit à votre action.

Si vous avez des problèmes financiers, pour avoir des pensées positives sur l'argent, vous pouvez envoyer les pensées de la pluralité de l'argent vers des personnes qui passent devant vous dans la rue pendant la journée, regardez-les et imaginiez que vous leur avez donné beaucoup d'argent. Imaginez aussi leur enthousiasme. Sentez-le et allez vers la personne suivante… c'est facile à faire. Si vous vous le sentez vraiment, vos pensées à propos de l'argent changeront et également votre situation financière changera.

Vous devez faire ce que vous vous aimez, car travailler vous donne de l'enthousiasme. Je veux dire que vous travaillez, car vous l'aimez! Quand vous travaillez avec l'amour, l'argent vient avec ça!

Ne plaignez pas de la vie et faites chaque activité avec l'amour.

Même quand vous ne savez pas ce que vous voulez faire dans la vie, vous devez envoyer une bonne vibration par de bons sentiments afin d'attirer tout ce que vous aimez, c'est le seul moyen. Les sentiments de l'amour vous feront réussir.

Le point d'or: Le succès n'est pas de clé du bonheur, c'est le bonheur qui est la clé du succès.

La plus grande raison pour ne pas progresser, c'est d'avoir un mauvais sentiment à propos de l'échec. Même si votre travail est florissant, mais dès que vous ne progressez pas, vous réagissez avec la tristesse et les doléances. Dans cette situation vous créerez plus d'inactivité dans votre travail.

Tous vos désirs qui vous font se développer sont sur la fréquence de l'amour. Donc vous devez trouver des moyens qui vous dont se sentir bien à propos de votre travail. Egalement vous devez arriver à la fréquence la plus élevée possible.

Le monde a beaucoup de façons pour vous d'atteindre à ce que vous voulez, comme l'argent. Cette pensée est limitée et limite votre vie!

La loi de notre travail

On récolte ce que l'on sème, c'est-à-dire tout ce qu'on dit ou on fait, on recevra, tout ce qu'on donne, on le recevra. Si vous voyez toutes les personnes vous-même, vous ne les blesserez pas, car vous vous faites du mal.
Si vous abominez, vous récolterez la haine. Si vous donnez de l'amour, vous recevrez de l'amour... Si vous critiquez, vous serez critiqué. Si vous mentez, des autres personnes vous mentiront, si vous utilisez une triche, vous serez dupé.
Le subconscient n'a pas de sens de l'humour. Parfois les hommes ont des expériences désagréables par leur joyeuseté. On plaisante méchante, alors que le monde ne comprend pas de blague. Quoi que vous dites ou vous pensez, ils vous reviendront...
La surabondance des bénédictions est toujours sur le chemin de la vie des hommes qui y entrent par souhaiter et croire.
C'est le doute et la peur qui peuvent diriger une personne pour s'éloigner des désirs de son cœur. Si vous souhaitez sans crainte, vous réaliserez votre désir sans aucun doute. Jésus-Christ dit: Homme de peu de foi! pour quoi vous avez peur?
Je connais quelqu'un qui a perdu toutes ses peurs soudainement en lisant un proverbe accroché sur le mur d'une chambre, tout à coup son cœur s'était plein de foi. Le concept de cette tableau était: Pourquoi nous inquiétons? Cela n'arrivera peut-être jamais. Ces mots influençaient en permanence dans son subconscient qui croit maintenant que c'est la bonté qui peut entrer dans sa vie. C'est pourquoi il n'y a que la bonté dans sa vie. C'est comme être optimiste. Si vous êtes optimiste pour faire quelque chose, vous réussirez.

Les Lois Cosmiques

Priez comme si vous l'aviez déjà. Priez avec foi. Vous devez réagir comme si vous l'aviez déjà reçu.
Chaque personne possède ce qu'il voit et croit dans ses rêves. Chaque travail et chaque succès aura lieu en y prêtant attention. Exactement avant le grand succès, vous serez déçu... Celui qui comprend la puissance de la parole, il fera attention lorsqu'il parle...
Il faut seulement faire attention à ce qu'il dit, pour savoir que ce qu'il dit reviendra chez lui-même... Chaque personne crée constamment des règles avec des mots qu'il prononce. Si vous médisez toujours des autres, ces paroles vous reviendront.
Le fer à cheval et la magie noir, n'ont pas de pouvoir, c'est la parole et la croyance de l'homme qui crée l'espoir et l'attente dans son subconscient et fait le bienheureux et la bonne fortune en attirant le meilleur à lui-même.
La seule pensée qui peut changer et perturber le subconscient, c'est de dire qu'il n'y a pas deux pouvoirs dans le monde, seulement "il y en a un, c'est Dieu". Donc il n'y a pas de découragement, c'est le courage. Lorsque vous savez qu'il y a seulement un Dieu, alors vous n'implorerez plus de vous donner un travail ou de l'argent ou vous ne demandez pas à votre amour de préserver votre relation forcement, car vous croyez que tout est fait volontairement.
Chaque jour, parlez aux autres à propos de vos désirs, pour demander la guérison, la bénédiction et la béatitude. Si vous parlez à propos des autres, ils parleront à propos de vous. Tout ce que vous souhaitez pour les autres, comme si vous le souhaitiez pour vous-même.
Celui qui maudit, les retourneront à lui-même. Si une personne qui souhaite le malheur pour une autre personne, elle-même sera malheureuse. Celui qui veut aider

quelqu'un à réussir, donc il ouvre le chemin du succès pour soi-même.

Le blâme et la critique crée le rhumatisme dans le corps, car les pensées de pessimisme et de discordance empoissent le sang. Ces poisons s'accumulent dans les articulations et les douleurs vous rendent la vie très difficile et insupportable. Principalement, la cause de toute maladie est d'avoir un esprit agité et plaintif, qui critique toujours les autres au lieu de se changer.

Le non pardon ou l'absence de pardon, c'est la principale cause des maladies qui provoque l'athérosclérose ou les douleurs articulaires et affecte la vision. Si on veut présenter le nom de ces maladies, ça ira en enfer. Pardonnez-vous pour ce que vous avez fait, s'il vous plaît, car Allah pardonne tous les péchés. Sachez que Dieu est très gentil et miséricordieux.

Ce sont des ennemis de l'homme qui sont en lui.

Soyez gentil avec vos ennemis et les aimez, bénissez Dieu pour ceux qui vous maudissent, faites du bien aux gens qui vous détestent, et bénissez Dieu pour chaque personne qui vous a tourmenté. Si vous voulez calmer vos ennemis, bénissez-les.

Les Chinois disent: La seule raison que l'eau est l'élément le plus fort, c'est qu'elle n'est absolument pas résistante. L'eau peut couper la roche et transporter ce qui se trouve dans son passage.

Allah dit: Chaque bonté qui vous vient, c'est par moi, et chaque mal qui vous recevrez, c'est par vous-même. Le mal, c'est le produit de l'imagination de l'homme. Dieu est la bonté absolue.

Répétez constamment cette phrase: Je m'aime et Dieu m'aime aussi.

J'aide les gens et je l'aime.

Les Lois Cosmiques 37

Bénissez Dieu pour vos ennemis pour les adoucir, c'est pourquoi vous pouvez prendre leurs munitions et transformer leurs balles en bénédictions.
C'est la loi des gens et du gouvernement. Bénissez tous les gens de chaque nation pour leur éloigner le pouvoir d'ennuyer quelqu'un. La malédiction n'entre que dans votre vie.
Répétez que toutes mes activités seront bien faites aujourd'hui et je remercie Dieu à cause d'avoir une telle journée. Aujourd'hui un miracle se produira, l'un après l'autre, et Dieu me rendra heureux par ses miracles.
Ce que vous l'attendez, la même chose vous arrivera.
L'homme sera le roi de la richesse et pourra réaliser le désir de son cœur, s'il purifie l'image de la pauvreté dans son cœur.
L'homme recevra ce qu'il donne. La joie de la vie, c'est comme la joie du boomerang; et l'imagination et la parole de l'homme viendront vers lui.
L'homme ne désespérera pas s'il a toujours confiance en Dieu, car Dieu n'est jamais en retard. Demandez à Dieu le pain de chaque jour.
Beaucoup de gens ne savent pas que la miséricorde est un sorte d'un financement et la thésaurisation par la cupidité entraînera la pauvreté. Donnez ce que vous ne l'avez pas besoin pour recevoir plus. Si vous vendez vos objets excédents, vous n'obtiendrez rien, mais si vous leur donnez, les portes à la miséricorde de Dieu s'ouvriront sur vous.
Si l'homme a une confiance complète en la source de sa subsistance, il aura des bénédictions infinies. Mais la foi ou la confiance devrait être l'idéal de votre vie.
Faire semblant constamment influence le subconscient. Si quelqu'un affirme qui est riche et réussi, il sera certainement riche et réussi.

L'homme est loin des bénédictions en pensant à la séparation et à la pauvreté, c'est pourquoi il a besoin beaucoup de temps d'oublier ses pensées et ses croyances. L'homme doit contrôler son esprit tout le temps pour comprendre ce qu'il pense. Contrôlez votre esprit pour changer votre vie.

Si l'homme se moque d'argent, il ne peut l'attirer jamais. Il y a beaucoup de gens qui sont pauvres en disant les phrases comme: je n'aime pas l'argent ou tous les riches sont des voleurs.

Dieu est le pourvoyeur infatigable pour les êtres humains. Les bénédictions de Dieu sont infinies. Demandez de Dieu sans aucune peur.

La tendance spirituelle pour l'argent signifie que: l'intendant général avec sa grandeur et sa gloire ne peut pas être incapable!

Les anciens disaient: une mère qui ne s'inquiète pas pour son enfant, n'est pas une mère, mais maintenant on sait que, c'est la peur maternelle qui est la source de la plupart des événements et des morbidités qui viennent vers l'enfant, car la peur et l'inquiétude font de la maladie ou de la situation que la mère craignait une réalité.

Bienheureux la mère qui dit par son cœur qu'elle confie son enfant à Dieu et elle est sûre que son enfant est sous la protection de Dieu.

Les Lois Cosmiques

Comment réaliser les désirs

On me pose souvent comment réaliser les rêves?
Vous devez être dans la même fréquence de votre désir. Demandez-le avec beaucoup d'enthousiasme. Demandez à Dieu de vous guider. Dites à Dieu: "Seigneur! montre-moi le chemin. Enseigne-moi ce que je dois le faire. Priez chaque jour. La prière, c'est la conversation entre vous et Dieu.
"Seigneur! ouvre le chemin pour me donner la subsistance, permets de me recevoir toutes les choses qui sont pour moi comme les bénédictions abondantes. J'espère que Dieu".
Quelqu'un qui a le cœur sur la main, ouvre le chemin de recevoir des bénédictions. Pour ouvrir le chemin de la richesse, vous devez donner de ce qui vous a été donné, même quelques tranches du pain.
Vous devez payer les factures avec un bon sens. Il faut dépenser de l'argent sans aucune peur et avec bénir et un cœur heureux.
Le doute, c'est comme un obstacle qui se trouve sur beaucoup de chemins et voies. Pour surmonter votre hésitation, répétez cette phrase plusieurs fois: "J'ai confiance en Dieu et je cherche refuge auprès d'Allah contre Satan".
L'esprit influence par cette phrase, puis il fera bien avec une décision firme.
Si l'homme a confiance en Dieu, il recevra tous ses droits de ce grand trésor de Dieu.
Les doutes, les peurs, les haines et les regrets intoxiquent le cerveau humain et le rendent malade.
C'est la pensée négative qui détruit tout.
Demandez avec la foi, car Dieu dit: Invoque-moi afin que je vous répondrai... Dieu est le remède.

Je connais quelqu'un qui a commencé un nouveau travail sas aucune préparation et l'éducation et même sans avoir aucun problème. Répétez constamment: Quoi que je fasse, c'est avec l'aide et la grâce de Dieu que je profite.
Chaque personne a une boussole dans son intérieur, appelée la situation. Vous ne vous égarerez jamais, si vous comprenez vos sentiments.
L'imagination est une force créatrice. Il faut choisir toujours les mots positifs.
L'homme entrait dans le monde que Dieu préparait sa subsistance et tout ce qu'il souhaite a été déjà préparé, donc il doit ouvrir ce trésor par sa foi et les paroles qu'il dit.
Quand il y a de la peur, il n'y a aucun bon sentiment. La foi en Dieu, c'est la source de sécurité et de bonheur.
Si l'homme est sûr qu'un pouvoir invincible est le protecteur de lui et ses désirs, il pourra réaliser tout ce qu'il veut et également pourra ressentir de la satisfaction, du bonheur et du plaisir sans aucune dépression nerveuse.
Dans ce moment, il se fâche très tard, car il est sûr que Dieu protégera ses intérêts et ses valeurs et il essaie chaque moment de profiter de la vie.
Si une personne perd une chose, signifie qu'elle croit la perte dans son subconscient, et si cette personne oublie cette fausse pensée, elle se dira que Dieu me donnera tout ce qui j'ai perdu.
Les accidents, le vieillissement, la maladie et l'échec sont le résultat de pensées négatives et erronées mentales.
Si l'homme se voit comme Dieu, il deviendra un être humain transcendant avec le pouvoir de créer, car "Dieu a insufflé son âme en l'homme".
On vous a déjà dit que tu auras tout ce que tu déteste, c'est-à-dire que tu recevras ce que tu en pense.

L'homme récolte toujours en dehors ce qu'il a cultivé dans le monde de sa pensée.
La tendance spirituelle à l'argent, signifie que Dieu est pourvoyeur et l'homme obtiendra tout ce qu'il veut avec la foi.
L'homme qui sait cette réalité, abandonne sa cupidité pour l'argent, dépense son argent sans peur et offre des cadeaux aux autres pour recevoir plus par Dieu.
Dieu fait des miracles par des manières étranges.
Vous attirez des choses que vous les pensez beaucoup. Si vous pensez constamment à la pauvreté, vous deviendrez pauvre et si vous pensez beaucoup à l'injustice, vous l'attirerez.
Si on sait ce que nous envoyons, reviendra vers nous, nous commencerons récemment à craindre de notre boomerang.
Les doutes et les peurs vous éloignent de vos désirs. Vous serez dans une situation où vous ne voyez aucun espoir. Vous posez qu'est-ce qu'il faut faire maintenant?
Encouragez votre confiance en vous.
Dieu ouvre un chemin où il n'y a aucun chemin!
Vos pensées négatives sont vos ennemis. Vivez avec les pensées positives.
Sentez-vous riche et réussi pour être riche par ce bon sens. Personne ne donne rien à l'homme que lui-même et aussi personne ne prend rien à l'homme que lui-même. "Le jeu de la vie" est un jeu individuel. Si vous vous changez, votre situation changera. Changez-vous afin de changer votre monde d'une manière étrange.
Priez avec la foi et demandez à Dieu ce que vous voulez avec la bienveillance. Je vous dis: Quand vous priez, assurez-vous de l'avoir reçu déjà, c'est pourquoi vous le recevrez.
Voyez-vous que Dieu qui est le détenteur de toute abondance, ne vous laissera pas souffrir, comme la dette

ou autre chose. Si vous sentez que le fardeau de la vie est difficile pour vous, faites confiance à Dieu.
Vous comptez sur votre salaire mensuel, votre épargne et votre trésorerie que vous les perdez beaucoup.
C'et la confiance en Dieu qui vous rend fort et capable. La confiance en Dieu pourvoyeur. Si vous voulez garder votre propriété, vous devez savoir que Dieu vous l'a donnée. Ce que Dieu donne ne manquera rien et si quand une porte se ferme, une autre porte s'ouvre.
La plupart des gens disent qu'ils économisent de l'argent pour le jour de la maladie. Ils accueillent la maladie. Parfois nous entendons que les gens disent: "J'économise l'argent pour les mauvais jours et sans doute ce jour viendra dans des situations difficiles.
La plupart des gens croient que "Il faut s'attendre au pire que ça" ou "La situation va s'empirer que ça" et nous ne savons pas qu'en disant ces paroles, nous les accueillerons nous-mêmes.
Mais parfois je vois les gens qui attendent toujours de bonnes nouvelles et des changements positifs.
Changez vos pensées pour changer vos situations.
Mais comment vous pouvez changer vos pensées lorsque vous avez l'habitude d'attendre la pauvreté.
Vivez comme si vous attendiez le succès et le bonheur.
Commencez la journée avec un esprit positif.
Les gens disent: "Je ne vais à aucun magasin car je n'ai pas d'argent pour acheter quelques choses". Vous devez y aller exactement pour cette raison. Vous pouvez mettre un billet dans votre sac pour acheter. Par votre imagination, achetez ce que vous voulez. Peu à peu votre esprit va croire que vous avez de l'argent.
Lorsque vous faites confiance à Dieu, rien n'est si étrange à faire les affaires qui sont difficiles pour vous, il n'y a pas de difficulté pour Dieu.

Les Lois Cosmiques 43

"Aladdin ou la lampe merveilleuse", c'est l'image objective du mot. Aladdin volait la lampe, c'est pourquoi il a réalisé tous ses rêves. Vos pensées sont comme la lampe merveilleuse! Les mots et les pensées sont une sorte de la radioactivité qui apporte ce que vous voulez... Un scientifique disait que: les mots sont dans un halo de lumière et l'homme reçoit constamment le résultat de sa parole.

"La prière est votre téléphone à Dieu et l'intuition, c'est le téléphone de Dieu à vous".

On a besoin de la force et du courage pour avoir confiance en Dieu. Nous comptons souvent sur Dieu dans les petites affaires, mais quand nous avons un grand problème, nous pensons que nous devons commencer au faire nous-même, c'est pourquoi nous nous préparons à l'échec.

Les hommes pensent qu'en évitant de la mauvaise situation actuelle, ils peuvent la quitter complètement, mais ils ne savent pas qu'ils auront la même situation où qu'ils aillent et ces expériences se répètent plusieurs fois dans leur vie pour apprendre des choses.

La loi de l'attraction dit: si vous ne faites pas attention à quelque chose, il quittera votre vie.

Lorsque vous n'êtes plus triste par quelque chose, les problèmes extérieurs disparaissent.

Si vous comprenez l'importance de vos pensées et de vos paroles, vous vous habituerez à faire attention à vos paroles et vos pensées dans chaque jour...

La manière de l'abondance est comme une rue à sens unique, c'est-à-dire qu'il n'y a pas de retour.

Nouvellement, quelqu'un m'a téléphoné et m'a dit que: je ne peux pas trouver un travail! Tout est pénurie. Je lui a dit: change tes pensées pour le trouver.

Jésus-Christ dit: "Ne se plaignez pas pour rien, mais demandez à Dieu ce que vous voulez en priant".

La louange ouvre les portes et les portails, car l'espoir et l'attente vainquent toujours.
Quand on me demande comment est votre situation? Je dis: L'or pleut sur moi du ciel et de la terre. Répétez-vous cette phrase pour voir le résultat.
Pour être riche, vous devez être désireux et passionné. Il faut sentir être riche. Il faut être prêt constamment pour la richesse. Soyez comme un enfant et affirmez que vous êtes riche, car l'espoir et l'attente influence le subconscient. L'intuition, c'est témoignage du cœur; c'est-à-dire la même phrase que nous disons entre notre parole: "J'ai le pressentiment!"
Cela ne signifie pas que vous devez abandonner tout ce que vous avez. Mais il ne faut pas compter sur eux. Comptez seulement sur votre trésor invisible: Le trésor de Dieu.
Pratiquez la pensée positive tous les jours.
Soyez prêt à imaginer que nous sommes riches, en bonne santé et heureux: voyons que toutes nos activités sont pleines d'ordre divin, mais ayons confiance en Dieu pour réaliser notre désir.
Il a des techniques que vous ne les connaissez pas, également Dieu a les méditations qui nous surprennent.
Répétez constamment: J'attends la miséricorde divine, je suis plein de joie.
Votre travail n'est pas important. Demandez toujours à Dieu des conseils et du guidage. Demandez le guidage vous donne le temps et de l'énergie et vous éloigne la misère. Vous avez vécu une vie négative, pensez à des choses positives à partir de maintenant.
Quand l'homme fait la confiance à la puissance de Dieu, libre de toute contrainte et entrave, il rejoint le monde absolu. Comprenons ce pouvoir caché par le cœur dans chaque instant.

Les Lois Cosmiques — 45

Voyez avec votre sentiment intérieur afin d'être heureux.
Quittez les imaginations faux.
Je vous dis toujours de répéter la phrase que vous l'aimez, c'est-à-dire la parole qui vous donne la confiance et la sécurité.
Parlez moins avec les autres à propos de vos travaux. Parlez seulement avec les gens qui vous donnent de l'espoir, car le monde est plein des gens qui sont "négatives". Les gens qui peuvent seulement dire: c'est impossible ou vous êtes très ambitieux (long-courrier)!
Dieu fait des miracles d'une manière mystérieuse. Le problème le plus important de ces gens, c'est qu'ils veulent savoir quand et comment-ils reçoivent ce qu'ils veulent... Ils veulent dire à Dieu comment accepter leurs prières. Ces gens ne font pas confiance à la sagesse de Dieu. Lorsqu'ils prient, ils ordonnent à Dieu comme Il doit réaliser leur désir. C'est pourquoi ils limitent Dieu dont l'impatience c'est le résultat.
Faites confiance à Dieu et comptez sur Dieu qui fera votre travail. Faire confiance à Dieu est apparemment facile, mais c'est difficile en pratique. Faire confiance à Dieu est difficile?
Compter sur Dieu donne à l'homme une force irrésistible, car c'est Dieu qui sait le moyen de le faire. Faites confiance à Dieu, Car? Il le fera.
La plupart des gens utilise leur propre décision personnelle au lieu de faire confiance à Dieu que son résultat sera des conséquences désagréables. La volonté personnelle, c'est faire les travaux seuls.
N'essayez jamais de changer quelqu'un. C'est vous qu'il faut changer. Si vous changez, votre situation changera, également les gens autour de vous changeront.

La vie de chaque personne est un ensemble de croyance qui sont dans son subconscient. Pour cette raison, vous aurez la même situation où que vous soyez.

Dieu sait la sortie et le moyen de répond à chaque désir, mais il faut lui faire confiance, c'est-à-dire être patient et ne pas interférer dans les affaires de Dieu. Il y a beaucoup de gens qui ont peur des autres et ils évitent de leurs situations désagréables, mais ils auront les mêmes situations où ils aillent.

Il suffit de négliger leur situation pour supprimer la situation désagréable de leur vie. Si vous voulez supprimer quelques choses de votre vie, ne le combattez pas, car si cette situation quitte votre vie, elle apportera une autre chose comme elle-même.

Répétez cette phrase constamment: Je veux ce que Dieu le veut pour moi. Je suis en paix.

Demandez à Dieu avec la foi pour que vous puissiez voir la grandeur et la gloire de cette loi dans l'action. Ne vous inquiétez pas, mais demandez à Dieu par la foi et la prière. Pensez au passé de votre vie pour comprendre que vous avez apporté le bonheur ou la misère dans votre vie par vos pensées... Le subconscient n'a pas de sens de l'humour. Les hommes plaisantent sur eux-mêmes de manière destructrice, tandis que le subconscient le prend au sérieux. Dès que vous parlez, vous créez une image mentale qui influence le subconscient, puis cette image apparaît à l'extérieur et devient réelle. Celui qui connait l'influence de la parole, il est prudent lorsqu'il parle, car il sait que sa parole lui reviendra. Les hommes qui parlent par la colère et la haine, font la plus grosse erreur, car leurs paroles auront des conséquences désagréables.

L'adversité et l'impatience volent le pouvoir de l'homme. Il faut coller cette écriture sur les murs: "Attention à vos pensées!", "Attention à vos paroles!".

Les Lois Cosmiques   47

Si vous faites attention à quelque chose, vous deviendrez comme ça avec le passage du temps. Ce que vous détestez, cela vous viendra, et si vous avez peur de quelque chose, vous l'attirerez vers vous, par exemple: quelqu'un se moque de vous et vous ne pouvez pas lui pardonner par colère et haine. Le temps passe et une autre personne se moque encore de vous, car vous avez si réfléchi pour ça et vous l'avez beaucoup répété dans votre esprit. Cela se répète tellement que vous imaginez que vous êtes une personne stupide que tout le monde se moque de vous. Pour neutraliser cette situation, il y a seulement une façon: ignorez toutes les iniquités et pardonnez-leur toutes. Vous pouvez facilement éviter de ce sujet répétitif.

Répétez constamment cette phrase: "Maintenant je pardonne à tous mes ennemis et mes amis et je les bénis...". Vous serez étonné pour la fonction de cette loi. Vous remplirez votre vie par d'ordre et d'harmonie en répétant la phrase ci-dessus.

Ne pensez pas au passé et aux moments difficiles que vous avez vécus, parce que vous aurez encore la même situation. Remerciez pour l'aube d'un jour nouveau...

Faites confiance à Dieu face à chaque désespérance. Changez vos pensées pour changer votre monde, car vos pensées sont votre monde.

Un jour, une femme m'a dit: "J'aime piger la vie des gens". La seule joie dans sa vie était la médisance et le bavardage. Les phrases qu'elle a utilisé, ont commencé par ces mots: "ils m'ont dit que...", "Je viens de découvrir que..."J'ai entendu que...". Il n'est peut-être pas nécessaire de vous dire qu'elle dédommage pour ses actions maintenant, car un grand malheur lui est arrivé et les gens ont compris les détails de sa vie. C'est très dangereux d'être inconscient de ses propres affaires et d'être curieux pour la vie des

autres. Nous devons penser uniquement à nos propres vies, et nous devons intéresser gentiment à la vie des autres.
La raison que vous ne pouvez pas encore réaliser vos désirs, c'est que vous mettez votre âme dans un état de vibration qui n'est pas en harmonie avec les vibrations de vos désirs, c'est-à-dire vous ne voulez rien par cœur.
Vous pouvez avoir des pensées positives comme une créature qui a une gamme d'énergie infinie. Vous pouvez prendre des résultats et des décisions importantes au-delà de ce que vous avez imaginé. Si vous vous accordez avec votre désir, l'énergie incroyable qui a créé le monde affluera. C'est comme l'excitation qui est votre droit indéniable.
Si vous vous sentez bien, signifie que vous avez une bonne relation avec votre Créateur et si vous vous sentez mal, signifie que vous n'avez pas de relation avec votre Créateur. Se sentir bien signifie permettre d'absorber le désir et se sentir mal signifie ne pas permettre d'absorber le désir.

La clé de l'absorption

Sous cette forme humaine qui a été construit par le peau, la viande et le sang, vous êtes une créature qui a été construit par des vibrations et tout ce que vous expérimentez dans votre environnement sont par des vibrations. Vous pouvez comprendre le monde matériel, seulement par recevoir des vibrations. Alors, vous comprenez et interprétez ce que vous voyez par vos yeux. Vous interprétez les vibrations que vous avez reçu par vos oreilles puis vous les écoutez. Même, votre nez, votre bouche et le pic de vos doigts convertissent les vibrations en odeur, goût et la touche. Mais le commentateur le plus

Les Lois Cosmiques 49

avancé de la communication dans votre corps, c'est vos émotions.

Chaque pensée a des vibrations et chaque méditation émet des signaux et absorbe des signes comme elle-même. On appelle ce processus la loi de l'absorption.

La clé pour attirer ce que vous souhaitez, c'est que les vibrations de votre être doivent être en harmonie avec votre désir. Le moyen le plus simple est d'imaginer que vous l'avez et également d'affirmer que vous l'avez expérimenté. Diriger vos pensées pour bénéficier de cette expérience, c'est pourquoi vous lui permettez d'entrer dans votre vie.

Penser à quelque chose, c'est exactement comme la planification l'avenir. Lorsque vous admirez quelque chose dans votre esprit, signifie que vous êtes en train de planifier. Quand vous êtes inquiet, vous planifiez. L'inquiétude crée une chose dans votre esprit que vous ne la voulez pas.

Vous ne pouvez pas obscurcir complètement une chambre éclairée par un "interrupteur". En d'autres termes, il n'y a pas de clé pour répondre l'obscurité dans la chambre et couvrir la lumière. En l'absence de lumière, l'obscurité vient automatiquement, c'est pourquoi dans l'absence "du bien et de la bonté", "le mal" apparaît spontanément.

En résistance à la santé, la maladie se manifeste. En d'autres termes, lorsque la santé disparaît, une autre chose paraît automatiquement qu'on l'appelle: la maladie.

Vous pouvez utiliser l'énergie comme vous l'aimez, exactement comme un sculpteur qui rase la pierre comme il l'aime. Vous créez de l'énergie par souvenir et imaginer des événements, grâce au pouvoir de concentrer et de penser constamment à quelque chose. Vous vous concentrez sur l'énergie en dirigeant vos pensées à l'extérieur, lorsque vous parlez, vous écrivez, vous écoutez et même quand vous êtes silencieux et vous vous souvenez et imaginez quelque chose.

Vous émettez vos désirs par penser et souvent par les vibrations de votre être que tous vos désirs sont respectés et réalisés. Par exemple: votre voiture est vieille et elle doit réparer constamment fréquent...elle a perdu sa couleur et vous voulez avoir une nouvelle voiture. Ce désir profond produit une irruption de désir en vous. L'univers reçoit votre désir, l'accepte au fond du cœur et le répond.

En d'autres termes, si vous réfléchissez constamment à une belle voiture, vous ouvriez le chemin pour l'avoir, mais si vous pensez à votre vieille voiture au milieu de cette pensée, vous ne réaliserez pas votre rêve.

Dans le monde avancé, des milliers d'évènements produisent à chaque instant que vous en prenez conscience, c'est pourquoi beaucoup de pensées surgissent dans votre esprit. Il est impossible de toutes les contrôler, c'est pourquoi c'est bien de se concentrer sur ce qui est dans votre avenir et de diriger vos pensées. Avoir le sentiment désiré est plus important que diriger les pensées. Votre pensée peut être en harmonie avec ce qui est bon pour vous par avoir le bon sentiment.

C'est la loi: Quand vous faites beaucoup attention à quelque chose, les fréquences convenables sont créées en vous. Les choses que vous voulez ou vous ne les voulez pas, ouvrent leur chemin dans votre vie. Il est impossible de contrôler les situations créées par les autres.

Certaines personnes veulent atteindre leur bonheur par le pouvoir personnel, la force ou par la dominance sur chaque évènement qui peut mettre en changer leur bonheur. Mais malheureusement plus ils insistent ce qu'ils ne veulent pas, plus ils sont en harmonie avec eux, c'est pourquoi ils les apportent dans leur vie. En conséquence, ils deviennent

Les Lois Cosmiques   51

plus convaincus que les pensées menaçantes sont très destructrices.

Insistez sur vos pensées au lieu de cela. N'essayez pas de dominer les opinions des autres et également d'autres évènements, pour que le monde puisse vous aider afin que vous puissiez réaliser vos rêves.

Lorsque vous ne pouvez pas penser positivement et vous n'êtes pas encore concentré, c'est-à-dire les vibrations initiales sont faibles et n'ont pas de pouvoir d'absorption, c'est pourquoi vous ne voyez aucun signe de l'apparition de votre rêve dans ces étapes. Mais votre pensée absorbe les pensées qui sont en harmonie avec elle. Pour cette raison elle devient fort et son pouvoir d'absorption augmente. Les autres pensées qui sont dans la même fréquence, la rejoignent et cette pensée crée un bon sentiment pour vous. Le signe de ce bon sentiment, c'est que vous êtes en harmonie avec votre source et origine. Mais si vous sentez mal, signifie que cette pensée n'est pas en harmonie avec vous.

La plupart des gens ne sont pas de créateur de leurs pensées, mais leurs pensées sont dépendant de ce qui se passe autour d'eux. Ils observent et un sentiment émotionnel surgit par leur réaction à ce qu'ils ont vu et parce qu'ils ne peuvent pas dominer sur ce qu'ils ont vu, ils pensent qu'ils n'ont aucun pouvoir pour contrôler leurs propres attitudes mentales et émotionnelles.

On veut que vous compreniez que vous pouvez contrôler complètement votre point de fixation émotionnelle, vous pouvez la changer et lui donner plus de puissance.

Avoir la passion signifie qu'il y a un fort désir. Se sentir en colère ou se venger sont également le signe d'avoir un désir fort, tandis que se sentir triste et ennuyé, signifie qu'il y a un peu de désir en vous.

Vos émotions indiquent les vibrations en vous qui montrent la qualité de votre pouvoir d'absorption, également déterminent à chaque moment est-ce que vous êtes autorité ou non à réaliser vos désirs.
Changer le modèle des vibrations n'est pas difficile, surtout si vous savez que vous pouvez le faire petit à petit.
Donc, il y a une question pour vous: Comment je peux être en harmonie avec les vibrations de mes désirs. C'est la réponse: Faites attention à vos sentiments et choisissez vos pensées consciemment. Soyez seulement ce que vous voulez être et vous vous sentez bien quand vous le pensez. Avoir un sentiment d'amusement et de bonheur, signifie que vous êtes en train d'approcher de vos désirs.
Vous avez le sentiment d'amusement dans le processus d'approcher vers vos rêves. Il y a beaucoup de confort et sécurité, alors ne vous inquiétez pas des dangers.
Il faut savoir qu'il y a beaucoup de temps pour réaliser vos pensées. Donc vous devez avoir assez de temps pour évaluer, décider et jouir du processus de la créativité.
La seule raison est que vous faites plus attention involontairement à ce que vous ne voulez pas.
Vous obtiendrez ce que vous le pensez. Après avoir pratiqué pour un temps, vous comprendrez que les lois du monde sont fixes. Ils ne vous mentent pas et aussi ne changent pas. Ils ne vous confondent pas. Le monde répond avec précision aux vibrations que vous présentez. Lorsque vous aurez pris conscience du pouvoir du guidage de vos émotions, vous comprendrez que vos pensées sont très importantes, et dans chaque moment vous saurez est-ce que vous vous approchez de votre but ou vous êtes en train d'éloigner. Lorsque vous êtes au courant, vous serez tranquille, et profiterez de votre voyage.
Par exemple: vous voulez faire la cuisine et il y a des choses dans la cuisine qui ne conviennent pas à votre

Les Lois Cosmiques

travail. Il n'est pas nécessaire que vous les utilisez, mais vous n'êtes pas triste d'être dans la cuisine. Vous utilisez seulement les aliments qui sont convenables pour votre repas préféré et vous omettez les autres aliments. Vous ne devriez pas craindre pour la diversité dans le monde, mais cette diversité devrait vous inspirer, car chacun de vous est le créateur d'une expérience indépendamment.

Est-ce que vous avez entendu à propos des radars, du marin et de l'aviateur qui sont dans les bâtiments et les avions? Le système du guidage ne pose jamais: "Où est-ce que vous êtes allé? ou "Pourquoi vous avez y été depuis longtemps? Sa mission est de vous diriger vers votre but. Donc vos émotions créent le même système de guidage pour vous, car sa tâche, c'est de vous guider où vous voulez être, signifie votre but.

Le plus beau cadeau que vous puissiez offrir aux autres, c'est votre bonheur. Quand vous êtes heureux, signifie que vous êtes complètement connecté au flux pur d'énergie positive de l'origine et de votre réalité. Lorsque vous êtes en train de connecter, tout ceux que vous avez fait attention, bénéficient de cette attention. Votre bonheur ne dépend pas du comportement des autres, mais il dépend de vos vibrations intérieures. Dans les voyages terrestres, vous ne vous inquiétez pas de la route, mais vous savez la distance entre deux villes. Vous savez où vous passerez pendant e voyage et également vous savez ce qui se passera si vous faites erreurs.

Lorsque vous êtes conscient de votre système de guidage émotionnel, vous ne ferez jamais erreur pour ce que vous voulez être. Vous comprendrez que par chaque pensée que vous présenterez, vous vous approchez de votre but ou vous l'éloignez. La seule manière, c'est de ne pas faire attention à ce que vous ne les voulez pas. C'est l'attention, c'est pourquoi si vous ne faites pas l'attention, il ne pourra pas être une partie de votre être.

Chaque situation si difficile, changera par le changement des attitudes et des pensées. Choisir des pensées a besoin de beaucoup de pratiques et centralisation. Rien ne changera pas dans votre vie, si vous vous concentrez sur votre situation actuelle et si vos pensées et vos opinions sont comme l'habitude et ne changent pas. C'est vous que savez ce qui est important pour vous à chaque moment.

Lorsque vous connaissez le pouvoir de vos pensées et le pouvoir d'accepter ce que vous voulez, vous pourrez contrôler de votre vie. L'amour et la louange sont des aspects qu'il faut les cultiver. Se louer est en harmonie avec les vibrations d'énergie de l'origine. Ainsi, lorsque vous croyez que vous pourrez réaliser vos souhaits, c'est-à-dire vous êtes dans une situation créative. Mais quand vous voulez quelque chose que vous n'avez aucun espoir de réaliser, signifie que vous ne l'avez pas accepté et cela ne vous arrivera jamais.

Les vibrations sont activées par la centralisation sur quelque chose pendant 17 secondes et si votre centralisation soit fort, le monde apportera de nouvelles pensées vers votre esprit qui sont en harmonie avec votre pensée initiale. Si vous pouvez vous concentrer sur un sujet pendant 68 secondes, les vibrations deviennent si fortes qu'elles commencent à se manifester.

Lorsque vous comprenez votre situation émotionnelle, vous pouvez diriger vos pensées afin d'absorber les choses agréables et favorables. Lorsque vous sentez mal, modifiez vos sentiments pour ne pas absorber ce que vous ne voulez pas. Création volontaire, ce n'est pas changement de situations et puis l'esprit, mais choisir des pensées qui changent votre sens, parce que ce changement du sentiment et d'émotions absorberont les désirs.

Les Lois Cosmiques

Penser positivement

Regardez autour e vous et essayez de trouver quelque chose qui peut vous faire sentir bien, puis le faites beaucoup d'attention e imaginez que c'est très beau, merveilleux et utile. Continuez à centrer, alors vos pensées positives augmenteront. Vous aurez de fortes vibrations par cette manière.

Trouvez des choses qui sont louables, car notre but n'est pas de trouver des choses imparfaites et mauvaises. Si vous vous concentrez sur les bonnes choses, la loi d'absorption attirera pour vous les bonnes pensées, les expériences des gens et les choses qui sont en harmonie avec votre esprit.

Si votre définition positive soit plus, il y aura moins de résistance à vos vibrations existentielles. Si votre résistance est moindre, votre vie sera meilleure. Vous pouvez passer aux vibrations élevées et vous éloigner des pensées négatives par pratiquer le processus de louange. C'est pourquoi vous expérimenterez une sensation de bonheur constante.

Votre pouvoir d'acception augmentera après un temps par cet exercice. Au début, il vaut mieux que vous faites 10 à 15 minutes par jour, après quelques jours vous comprendrez que vous la faites plusieurs fois dans la journée, quelques secondes ici et quelques secondes d'ailleurs. Alors vous aurez le sens bien. Lorsque vous êtes en train de remercier et louer toujours, signifie vous êtes connecté au centre d'énergie, c'est pourquoi vous n'êtes plus vulnérable, vous n'avez pas peur et vous n'êtes pas inquiet par des évènements.

Le tableau des rêves

Tout d'abord, il faut trouver de belles images de ce que vous voulez les avoir. Ces photos doivent être très belles que soyez heureux chaque fois que vous les voyez. Ecrivez sur le mur ou partout où vos yeux le voient beaucoup: Tout ce que je veux est là. Si vous réfléchissez et faites beaucoup d'attention et ne résistez pas, donc si vous ne doutez pas qu'ils sont tous pour vous, votre sentiment intérieur sera meilleur. Les portes s'ouvriront sur vous et vous pourrez réaliser vos désirs facilement.

Votre monde est dans ce tableau. Vous êtes exactement comme la lampe merveilleuse qui assise sur une chaise et vous pouvez aller où vous voulez dans le monde et obtenir ce que vous voulez. Donc, vous souhaitez avoir une belle maison et vous voulez la construction dans la ville que vous l'aimez, et gagner de l'argent pour vous-même. Vous préparez pour vous-même tout ce que vous voulez, également vous préparez toutes les belles choses et désirables et tout ce que vous voulez. Vous les fixez dans ce tableau.

Vous pouvez faire ce jeu mentalement, mais si vous préparez un tableau et installez les choses qui montrent vos rêves sur ce tableau, vous jouirez beaucoup.

Concentrez sur chacun de vos souhaits et écrivez la raison de ce que vous voulez. L'étape de réflexion se concentre sur vos expériences importantes de votre vie. Quand vous vous réfléchissez la raison que vous les voulez, votre résistance se réduit et vos pensées deviennent plus claires. Mais n'oubliez pas que si vous posez comment et quand vous réaliserez vos rêves, votre résistance intérieure augmentera, surtout si vous n'avez pas de réponse à vos questions.

Les Lois Cosmiques

Cette liste amplifie par faire attention à chacun de ces détails et écrire une liste à propos de ces sujets. Si cette liste est longue, elle aura beaucoup d'énergie et vous pourrez réaliser votre but très vite. N'oubliez pas que ce que nous présentons, prends moins de votre temps, mais cela vous absorbe la santé, la vitalité, la richesse, de bonnes relations et ce qui est nécessaire pour une vie.

Quand vous jouez votre vie future avec bonheur, votre situation financière et d'autres aspects de votre vie s'amélioreront. Ce jeu augmentera les vibrations des choses que vous les voulez et absorbera ce qui est favorable et préférable pour vous.

Qu'est-ce que la croyance?

Chaque pensée qui se répète dans votre esprit, on l'appelle la croyance. Certaines de ces pensées sont utiles: Des pensées qui sont en harmonie par votre connaissance de l'origine et des pensées qui sont en harmonie avec vos désirs... mais certaines de ces croyances ne sont pas utiles: comme les pensées qui présentent votre inaptitude. Nous disons à nos amis dans ce monde que la raison de notre conseille pour faire attention, c'est que vous pouvez nettoyer votre esprit facilement. Ouvrez la porte, tout viendra vers vous. Alors vous devez avoir un remède pour ces joies!

"Vous aurez le bon sens, quand vous faites beaucoup d'attention à ce que vous l'aimez. Si vous faites attentions à l'absence de ce que vous ne les voulez pas, vous vous sentirez mal".

Imaginez que votre croyance, votre stylo ou votre papier est la magie que tout ce que vous y écrivez devient une réalité. Vous faites deux manières nécessaires pour arriver aux rêves en faisant cela. D'abords concentrez sur ce que vous voulez, puis supprimez les pensées résistantes. Le personnage principal de ce texte, c'est vous. Les autres jouent les rôles suivants. Identifiez les personnes qui ont un rôle dans cette séance, puis écrivez le plan initial.

Ecrire le plan est très important. Notre but, c'est que vous sentirez la vie que vous voulez l'avoir. Si vous lisez ce texte plusieurs fois, cela deviendra une image puissante dans votre esprit. Cette image a des vibrations d'énergies et ces vibrations transforment les images en réalité.

Prenez le papier et je vous dis qu'écrivez la ligne en haut de la page puis écrivez à droit: les travails que je dois les faire aujourd'hui et devant cette phrase écrivez les travails que j'aimerais Dieu les faire pour moi. Ensuite, regardez la longue liste de choses que vous devez les faire et choisissez les travails que vous les aimez et les écrivez dans la partie que vous avez écrit "les travails que je dois faire" et puis écrivez les autres sous le titre que vous avez écrit:"je veux que Dieu les faire pour moi".

Vous êtes une créature réceptive et le processus de penser en vous est très rapide. Il faut concentrer clairement sur ce que vous pensez et voulez, mais vous ne pouvez pas concentrer à cause de la confusion de pensée causée par les plusieurs pensées. Je vous donne un exemple: la jambe des bébés éléphants sont attachés à un clou qui a été planté dans la terre avec une corde de deux mètres. Au début le bébé essaie de briser la corde, mais il ne peut pas. Après quelques jours et après beaucoup d'essaies, il se fatigue et n'essaie plus. Après quelques années qu'il a devenu un éléphant de plusieurs tonnes, la même corde de deux mètres est attachée à sa jambe encore. Mais il n'essaie plus de briser la corde. Est-ce que vous savez la raison? Parce qu'il croyait qu'il ne peut pas la briser. Il croyait qu'il n'a aucun pouvoir et ne peut pas faire. Il croyait qu'il peut se

Les Lois Cosmiques 59

déplacer seulement dans ces deux mètres et c'est sa frontière.
L'influence mentalité, attitude, croyance, opinion ou notre perception du monde est beaucoup qu'il est possible d'être toujours comme cet éléphant dans le piège de l'esprit et cette captivité mentale empêchera notre progrès. Voyez ce que les croyances font. Les croyances sont si puissantes qu'elles peuvent paralyser l'homme puis elles arrêtent d'essayer.

Les questions positives changent votre vie

Les gens qui se posent constamment: "pourquoi je suis si malheureux?" ne savent pas qu'ils endommagent leur vie en posant cette question, car l'esprit doit trouver une réponse à cette question, et il cherche des réponses pour vous prouver que vous êtes malheureux à cause de ces raisons.
Lorsque vous dites que "Que passerait- il, si je réalisais mon rêve"? une sorte d'attente est stimulée en vous qui a moins de résistance. Cette question crée une réaction positive en vous, c'est pourquoi elle vous dirigera facilement à ce que vous voulez.
Et les questions comme: Si nous passions beaucoup de temps avec nos amis? Si les routes n'étaient pas embouteillées et que nous arrivions facilement à notre destination? Si nous passions une bonne journée dans l'emploi? Si je trouvais un bon époux pour ma vie? La raison de l'importance d'utiliser ces expressions est qu'elles sont faciles et douces et elles ont moins de résistance.

Si vous voulez savoir votre sentiment à propos de Quelque chose, vous pouvez le décrire, et surtout vous pouvez écrire vos sentiments.

La sensation de la richesse

Tout d'abord, prenez un chèque de 50 000 tomans et mettez-le dans votre poche ou dans votre sac et l'emportez toujours et n'oubliez pas que l'argent est là. Soyez toujours heureux pour que l'argent est là et pensez au sens de la sécurité que vous l'avez. Puis pensez à ce que vous pouvez acheter par cet argent pendant la journée. Lorsque vous passez devant un restaurant, vous devez vous dire que je peux y entrer pour commander mon repas préféré. Quand vous passez devant une boutique en ligne de vêtements, n'oubliez pas que vous pouvez vous acheter de jolie blouse et pantalon.
Si vous gardez cet argent et n'achetez rien, vous recevrez ses vibrations quand vous le souvenez. Si vous utilisez cet argent seulement dans votre esprit, ses vibrations vous arriveront 20 ou 30 fois et c'est comme si vous aviez dépensée quelques centaines de milliers de tomans pour votre cœur.
Avoir un sentiment négatif, c'est comme une alarme qui vous avertit que vous êtes en train d'absorber les choses négatives. C'est le remède et la solution: lorsque vous vous sentez mal, vous devez être patient et vous dire que ce que je veux, c'est le sens bien.
Riez beaucoup et pleurez moins. Ayez des prévisions optimistes et ne soyez pas pessimiste. Rien n'est plus important que de se sentir bien. Pratiquez-le et vous verrez le résultat.

Les Lois Cosmiques

Nous vous disons que vous avez une autorité qui ne fonctionne que pour vous. Il faut demander au monde de faire quelque chose pour vous. Est-ce que vous croyez que vous pouvez vivre dans ce monde aussi logement que vous voulez si vous êtes heureux et absorbez vos désirs sans résistance et des pensées négatives. Les désirs attireront vers vous le pouvoir vitale éternelle et vous continuerez à vivre avec passion. Celui qui a un désir, signifie qu'il veut vivre et quelqu'un qui n'a aucun désir, signifie qu'il ne veut pas y être, car son pouvoir vitale s'est éteint.

Vivez confortablement. Vous avez l'habitude de prendre la vie très au sérieux et travailler dur. Tandis que la vie est comme un spectacle et il faut ne plus la prendre au sérieux, car votre vie est limitée sur cette planète.

Absorbez des idées nouvelles et fondamentales. Lorsque vous êtes né dans l'utérus de votre mère, vous avez été sous le contrôle de situation culturelle que vous vivez une vie normale, c'est-à-dire d'accepter ce que la vie vous a offert, parfois vous avez été programmé pour croire que vous n'avez pas de capacité de réaliser vos rêves.

En fait, il y a une conscience dans laquelle vous pouvez vivre volontairement, c'est-à-dire vous pouvez changer votre concept comme un être et vous satisfaire à cause d'avoir vos rêves.

C'est l'habitude: tout ce que vous faites, ont été programmé par votre culture et votre famille pour vous, c'est-à-dire vous vous adaptez à tout. Etudiez dur, vous suivez les règles, remplissez des formulations de demande d'emploi, vous payez votre impôt, vous trouvez un emploi et vous faites tout ce que font les citoyens d'une communauté. Ensuite, vous partirez à la retraite, vous aurez les petits-enfants, vous jouerez avec eux, puis vous mourrez. En fait je veux dire qu'il n'y a aucune erreur dans ce scénario, tout est parfait. Si vous acceptez ce modèle dans la vie, vous n'avez pas de besoin de lire ce livre.

Ce que vous voulez beaucoup, c'est l'idéal de votre âme, comme la grandeur, l'espace, l'expansion et ce que vous l'avez plus besoin, c'est de pouvoir développer librement et atteindre l'infini.

C'est le nouveau concept de vous-même qui vient de votre âme. Les éléments constitutifs sont tout ce que vous les acceptez comme la vérité à propos de la physique extérieure de votre corps.

Le concept extérieur, c'est-à-dire les choses que vous les croyez comme vos capacités années et tout ce qui est dans votre vie. Ce concept signifie votre point de vu pour la santé, la sécurité et votre capacité pour être malade.

Vous savez que si vous êtes expédient au surpoids ou coutumière à diverses substances comme le sucre, la caféine, les lipides, la viande, les laiteries, etc... C'est vous qui déterminez la limite pour les utiliser. Le concept intérieur de vous-même, les croyances et l'intelligence qui constitue la majeure partie de votre être. Je suppose souvent le monde intérieur d'homme comme une âme dans un homme-machine.

Si vous voulez être comme une personne qui peut réaliser ses rêves dans la vie, vous devez passer à un niveau supérieur de vous-même et intervenir dans les événements de votre vie, c'est-à-dire vous devez entreprendre les travaux difficiles dont leur concept, c'est le changement en vous.

N'oubliez pas que le concept, c'est la même chose que vous croyez qu'il est pour votre intérieur et votre extérieur. Maintenant votre vie a été faite par des croyances que nous pouvons les nommer de bonnes ou de mauvaises.

Les Lois Cosmiques

Ne résistez pas

Je vous encourage à être heureux, si vous faites un souhait.
Vous devez surmonter cette résistance intérieure que c'est toute votre vie terrestre.
Les gens particuliers ont un fort désir de réussir. Mais ce désir est différent du succès. Quand ce désir et cette soif brûlent l'homme, cela ne vient pas de l'homme.
La conscience avec un désir intense est l'un des besoins initiaux pour devenir la personne qui peut réaliser ses rêves.
Personne ne peut dire d'où viennent les pensées et comment elles ont été construit, mais généralement nous acceptons que nous pensons et essayons de réaliser toutes les pensées. J'ai eu cette point de vue dans la majeure partie de ma vie.
Ouvrez les fenêtres de votre esprit sur des idées et nouvelle façon de penser, car cela vous aide à changer votre concept mental, même vous pouvez vous considérer comme un être divin et infini au lieu d'essayer de vous considérer comme un être humain qui n'a aucun droit de choisir de ses pensées mentales.
Cette nouvelle méthode qui est choisir les pensées, vous fait comprendre le concept personnel le plus élevé de vous-même. Soyez optimiste pour tout ce que vous limitaient.
Rappelez-vous cette phrase: Vous n'avez aucune limite à ce que vous voulez faire.
La partie de votre être que vous la croyez est définit par ce que vous avez reçu, gagné ou possédé. Cette croyance prouve que vous êtes une créature capable avec des limitations particulières.
Vous pourriez probablement être surpris si je vous dis qu'il y a des croyances qui peuvent vous mettre dans le

choix du bonheur, du succès, de la santé et de tout ce que vous voulez. Avoir une idée est plus supérieur qu'un concept de soi qui est globalement défini comme moi et quiddité. En fait, le moi supérieur contient des caractéristiques supérieures que moi.

La physique quantique dit: Moi est sous votre emprise. Quand vous lisez un paragraphe, c'est assez différent de lorsque vous lisez le paragraphe précédent. C'est la nature du monde physique que nous pouvons tous survivre.

Qu'est-ce qui est réel? Un corps spirituel répond immédiatement et sans doute: ce qui ne change jamais est réel et que votre corps n'est pas réel tant qu'il change.

Le Créature met au morceau de lui-même et un esprit de sa nature dans chaque créature, par laquelle la créature peut être comme un créateur, c'est-à-dire que vous pouvez recevoir ce que vous l'avez besoin par votre pensée, votre pouvoir et votre espoir au lieu d'attendre toujours que vos besoins soient satisfaits par une source externe. C'est une excellente image pour que vous commenciez à comprendre votre âme sublime. Il y a une lumière de Dieu en vous que personne ne peut obtenir avec le sentiment. Cette lumière fait battre votre cœur, pousser vos cheveux, respiration et expiration de l'air des poumons.

Il faut dire en augmentant la lumière de Dieu: La partie de moi qui est la partie de Dieu est parfaite.

Jésus-Christ dit: tout est possible avec Dieu. Répétez plusieurs fois cette phrase positive: Je suis puissant.

Dieu est la grande source d'amour. (La position la plus élevée dans l'amour est pour Dieu et Il reste dans cette position). Vous avez ce sentiment d'amour pur dans votre âme. Il y a des choses dans le monde que l'homme est incapable de faire, mais Dieu est capable de toutes les faire. Tout est possible maintenant. Ne supprimer rien. Votre sens du respect augmentera lorsque vous êtes proche

Les Lois Cosmiques

de Dieu. Vous êtes proche de Dieu lorsque vous n'en ressentez pas le besoin dans votre vie. Dieu est la personne la plus proche de vous... Vous ne pouvez pas approcher de Dieu si vous n'êtes pas avec Dieu. Lorsque vous connaissez cette grande affirmation, vous recevrez le pouvoir de votre source, car si vous n'avez pas d'espoir à votre ressource, votre vie ne sera pas longue. Vous voyez un dieu qui est unique et vous êtes l'une de ces images supérieures.

Ce qui est vous êtes en relation avec ça, c'est une série de message du monde comme l'amour, la paix et le plaisir, donc nous avons un pouvoir infini pour réaliser nos désirs qui sont comme la source de notre être, pour cette raison j'ai montré "Je suis" et je vous ai encouragé à chercher du contenu. "Je suis" est une activité complète de Dieu et chacun de nous peut s'unifier que notre "Je suis" soit le reflet du Dieu que nous sommes.

Le mot "Je" est uni avec votre esprit divin et vous rappelle en même temps que vous êtes divin et que vous avez le pouvoir de création comme Dieu.

Faites attention aux entourages comme les membres de votre famille et vos amis proches comment ils utilisent le pouvoir né du "moi" dans leur vie. La plupart des gens disent que je suis faible, pauvre, cupide, triste, peureux et malchanceux et ils essaient d'entrer ces problèmes dans leur vie professionnelle. Si vous voulez écouter leurs paroles puis les changer, rappelez-leur doucement qu'ils n'obligent pas absorber ces pensées négatives et les accepter comme leur réalité intérieure. Ne discutez pas avec eux, mais seulement leur rappelez doucement. Vous pouvez s'unir avec votre "meilleure âme" en observant et par être conscient de "Je suis".

L'imagination

L'imagination est plus important que la connaissance. La science est toujours limitée? Alors que l'imagination entoure le monde.
Le plus grand cadeau que Dieu vous a donné, c'est le pouvoir de l'imagination. Il y a une capacité pour réaliser vos rêves en vous. Le plus grand pouvoir que vous connaissez, est dans votre imagination. C'est dans ce domaine que vous pouvez gouverner votre monde avec vos pouvoirs intérieurs comme vous voulez.
Vous pouvez imaginer tout ce que vous voulez et sachez que ce sont tout pour vous. Ne doutez jamais. Ne soyez pas triste et n'acceptez aucun peur ou hâte. Toutes les connaissances sont chez vous.
Regardez autour de vous, tout ce que vous pouvez expérimenter avec vos émotions, étaient déjà seulement dans l'esprit des autres. C'est une grande réalité que vous devez comprendre. Il y a beaucoup de phénomènes qui étaient imaginaires avant d'entrer dans ce monde. Tout d'abord il faut être dans votre imagination. Sans imagination, le processus de création et d'invention s'arrête.
Vous avez un grand pouvoir en vous. Ce pouvoir est infini en réalité et vous a été donné comme votre droit.
Aujourd'hui, le monde de la physique quantique insiste que le monde a été construit par d'énergie informe et les molécules ne sont constituées d'aucune particule. Chaque chose vient d'autre chose qui est le même dans votre imagination. Vous ne pouvez pas le toucher, le goûter, l'entendre ou le sentir. Vous ne pouvez pas prouver le monde avec des formules mathématiques. Nous savons tous qu'il existe. Ces pensées que vous avez, sont les croyances qui vous pénètrent. Ces pensées imaginaires qui

sont en vous, n'ont pas été prouvées dans les domaines scientifiques.

L'utilisation incorrect de l'imagination le plus courant, c'est peut-être d'insister sur ce que vous ne voulez pas pour vous-même. Ce type d'utilisation de l'imagination est la plus grosse erreur. Si vous faites attention aux conversations publiques, vous comprendrez qu'elles sont incroyables. Imaginez trouver des phrases comme: je ne mérite pas ce succès, je suis malheureux, personne ne m'aide, je suis malade et je ne peux pas être en bonne santé. Ce sont des croyances qui peuvent être dans nos esprit depuis l'enfance. Les gens qui ont ces croyances ne peuvent pas imaginer un effet de leur réalité et ils ne peuvent pas réaliser leurs rêves.

Commencer à faire attention, prendre soin et libérer de votre imagination. Pratiquez votre créativité au lieu d'imiter, car c'est plein de croyances et de rêves que vous voulez les avoir. Respectez votre imagination, même si les autres se vous moquent ou la trouvent impossible. Croyez ce qui est dans votre imagination et ce qui n'a pas encore entré dans le niveau physique.

N'imaginez jamais ce que vous ne voulez pas.

Ne permettez jamais à votre imagination de devenir pessimiste à la vie avec des croyances négatives.

Utilisez le pouvoir de votre imagination pour compléter la connaissance de Dieu et les rêves qui ont été réalisé par Dieu qui vous dirige à une conscience supérieure de vous. Croyez que votre imagination est seulement pour vous. En fait, il y a une partie vaste et sans frontière dans votre esprit que personne ne peut pas y entrer. Personne ne peut pas entrer dans votre imagination et ne peut pas y entrer ce qu'elle veut. Aucune croyance ne peut pas entrer dans votre imagination majestueuse et vous éloigner de vos croyances.

Votre imagination est comme une terre fertile pour l'accroissement de la graine. Cette loi vous conseille de ne pas permettre à personne d'entrer dans votre imagination sur ce qui est possible ou impossible pour vous et comment vous devriez penser et qui vous devriez être ou toute autre croyance. Certaines de ces croyances probablement peuvent être à cause de la bonne volonté des autres pour vous qui vous amène au votre période d'enfance.
Ne laissez jamais entrer quelqu'un qui peut ruiner vos rêves ou vos croyances. Cette propriété est pour vous, alors installez le panneau "d'interdiction d'entrée" sur vos imaginations.
Ne laissez pas votre imagination se limiter avec vos situations de la vie usuelle. Votre imagination est infinie et si vous la choisissez pour le niveau ordinaire, vous resterez dans le niveau normal de votre vie avec vos vieilles pensées, en pensant que tout ce qui existe maintenant, sont la réalité de la vie.
Lorsque vous n'avez aucune expérience à propos du but de votre vie, ou lorsque vous préférez avoir des sentiments négatifs comme la peur, la colère, la haine, l'inimitié et le malheur dans votre vie, ce guidage vous aidera et fera pour vous comme un moyen. Chacun de ces sentiments vous éloigne de Dieu. Soyez heureux et profitez de la vie.
Pourquoi vous avez peur de Dieu? Dieu est l'amour et unique. Comment vous pouvez aimer les autres si vous avez peur de Dieu ou être triste et en colère? La peur, la tristesse et la haine blessent votre cœur. Dieu est très grand. Comptez tellement sur la gentillesse de Dieu que votre cœur sera rempli de joie.
Faites-attention comment vous jouez avec les mots. Comment utilisez-vous les mots qui ont un mal sens... Dire de beaux mots changera votre vie. Pratiquez-vous à

Les Lois Cosmiques 69

utiliser l'imagination pour être sur une voie positive et vous définir avec de belles pensées.

Ne mettez aucune limitation à votre imagination et stockez les croyances analysées dans une partie privée en vous afin que personne ne devrait pouvoir vous décevoir. Mettez un panneau "d'interdiction d'entrée" dans votre imagination pour rappeler le chemin privé.

Ma vie est une image de l'imagination en réalité. J'aime vivre comme ça et personne ne peut m'éloigner de ce point de vu, car mon but n'est pas de changer mon point de vu. Je suis sûr que si tous les gens du monde essaient de me dissuader de mes rêves stupides, ils ne pourront jamais m'éloigner de ce rêve. C'est une base mentale et vous ne pouvez pas la choisir.

Votre imagination peut devenir réalité matérielle quand Dieu le sait, alors oubliez comment le faire et vivez dans votre imagination intérieurement. C'est un grand pouvoir que vous l'avez, mais vous pouvez l'accepter si vous voulez comme votre droit.

Je vous insiste que ce pouvoir inné que Dieu mit en vous est vital et que vous pouvez l'utiliser pour la vie. Essayez dur d'avoir cette croyance. Prenez soin de vos rêves. Vivez comme si vous aviez une croyance dans votre imagination, qui est votre nature.

Tout d'abord, nous sommes d'énergie et notre corps physique est le résultat de notre énergie. Si nous changeons notre énergie, nous pouvons aussi changer notre réalité physique. Dieu est seulement d'énergie et n'a pas de corps physique. Cette énergie divine n'est pas comme l'énergie du monde matériel vos sens vous a rapporté.

Lorsque vous comprenez votre gloire, vous êtes attiré par la gloire de votre vie, et si vous croyez "aimer", vous absorberez l'amour. La meilleure façon d'absorber les

meilleurs choses, c'est de s'aimer. Cette amour absorbe des choses que vous ne pouvez pas les croire. C'est une réalité simple.
Si vous dites: "Je suis faible", vous blasphémez le nom de Dieu qui est en vous. Comment la faiblesse est-elle possible pour la source de la création du monde- la source d'énergie responsable de la création du monde?
"Ce n'est pas écrit dans votre loi". Comment vous pouvez vivre avec votre soi supérieur, tandis que vous dites: "Je suis faible"? Est-ce que vous avez le droit de vous définir par cette manière blasphématoire? en pensant que "Je suis fort", vous mettez les choses dans votre imagination dont vous avez les besoins et par cela vous avez été en harmonie avec la source d'être fort au lieu d'être faible.
Dites "Je suis capable" au lieu de dire "Je ne peux pas trouver le travail que je veux", et ne dites pas "Je ne peux pas vivre en paix", mais dites "Je suis en paix" ne dites pas "Je n'ai aucune chance en amour", mais dites "Je suis chanceux en amour", ne dites pas "Je ne suis pas heureux", dites "Je suis heureux". La phrase "Je suis" que vous utilisez toujours pour vous présenter est une phrase sacrée pour le nom de Dieu. Considérez votre dimension la plus élevée. Quittez les habitudes répétitives et n'utilisez pas de mots péjoratifs pour vous décrire.
L'un des leçons de l'expression "Je suis" est qu'elle vous fait penser à votre divinité "soi". En fait, louer Dieu vous permet de progresser.
"Tout est possible avec Dieu". Votre imagination est pour vous. Vous êtes libre de mettre chaque chose dans votre imagination: "Je suis capable, vainqueur, heureux". N'ayez pas peur des phrases comme: Je suis précieux, Je suis satisfait". Permettez la vie être votre réalité.
Votre esprit conscient est un principe caché et personnel. Cette dimension de vous est la source de décision et de

Les Lois Cosmiques   71

choix et elle est toujours consciente de vos activités et de la façon dont les décisions influencent vos activités facultatives.

Les pensées sont remplacées par "des émotions" dans le subconscient. Chaque pensée influence l'esprit par l'émotion, mais lorsque le sent. Il faut accepter les conséquences. Les bons sentiments produisent de bons événements et les mauvais sentiments produisent de mauvais événements.

"Le sens" est la seule façon par laquelle les pensées sont transmises au subconscient.

Commencez à ressentir la pensée que vous avez mis dans votre imagination. N'oubliez pas que c'est le sentiment qui se produit dans votre corps, alors que vous pensez à ce que vous aimez ou au grade que vous voulez atteindre.

Votre imagination est capable de réaliser toutes vos rêves selon votre niveau d'attention.

Votre trésor intérieur, c'est votre sentiment de vivre dans un monde avec l'abondance infinie. Ne permettez pas aux éléments externes de vous éloigner de ce qui est dans "votre imagination". Vivez toujours avec les sentiments intérieurs comme "Je suis heureux, je suis riche, je suis parfait". Vous pouvez programmer votre subconscient pour créer des expériences qui sont en harmonie avec vos sentiments intérieurs à l'aide de votre imagination.

Votre subconscient contrôle environs 96% de ce que vous faites dans votre vie. Donc vous êtes sur un guidage automatique pour tout ce que vous faites dans votre vie.

Les vingt dernières minutes de la journée avant de dormir, sont les vingt minutes les plus importantes de votre journée, c'est-à-dire vous pouvez commencer une vie avec des rêves réalisés, si vous voulez. Dans cette courte partie de votre journée, vous devez dire à votre subconscient ce qui est vos sentiments et ce que Dieu va réaliser vos rêves avant de vous réveiller. Ces 20 minutes au lit que vous entrez dans le subconscient et dormez environ 10 heures plus tard, sont la partie la plus importante et vitale de vos 24 heures de votre journée.

Ces 20 minutes sont votre dernière capacité pour votre subconscient. Vous devez vous concentrez par créer le sentiment de réaliser vos rêves dans votre imagination.

Le sentiment qui a été créé par répondre à cette question: "si je réalise tous mes rêves, comment j'irai me sentir", est le même sentiment qui devrait occuper toute votre attention avant de vous dormir et la fixer. Avant dormir, il faut être conscient de ce que vous voulez être ou de ce que vous aimez les avoir.

Rappelez-vous cette phrase magique: "Vous êtes pris par Dieu. Cette partie invisible de votre être est en fait un mental appartenant à Dieu, même tant que vous n'oubliez pas Dieu".

Si votre foi reçoit la richesse dans votre subconscient, vous serez riche. Si votre subconscient reçoit la croyance que "je suis heureux, je suis amoureux, je suis intelligent" ou toute autre phrase que vous la croyez, il le deviendra une réalité matérielle.

Avant de dormir, vous devez vous préparer comme si vous partez en pèlerinage en endroit de saint... Ne dormez jamais avec des pensées négatives, car cela produira un grand dommage dans votre subconscient.

Si vous pensez au désenchantement, vous absorberez la frustration. Si vous pensez ou si vous dites: "Je ne peux pas. Je suis occupé. Je ne suis pas contrôler ma vie", le pouvoir de ces pensées est en opposition avec du pouvoir de la vie rêve, alors essayez d'avoir une vie visionnaire.

Rappelez-vous que penser à la frustration recevra plus de désenchantement et si vous continuez à penser comme ça,

Les Lois Cosmiques   73

l'univers vous donnera une force qui pèsera le plateau de la balance au sol et vous resterez dans la même situation.
Vous pouvez orienter vos pensées en ayant des pensées positives, comme penser à une vie heureuse, c'est-à-dire votre pensée doit être en harmonie avec vos rêves pour que le monde vous donne de nouvelles chances. Faites attention à ce point: Le monde est limité, mais le monde de l'esprit est infini et il deviendra réalité par planter des graines de vos grands rêves.
Vous recevrez ce que vous les pensez, c'est pourquoi il vaut mieux penser à vos rêves et ne pas faire attention à leur difficulté et à leur impossibilité.
Mettez le pouvoir de votre rêve dans votre esprit et ayez en harmonie avec cela pour absorber d'énergie suffisamment. N'oubliez pas que le prix d'acheter cette force est vos pensées, alors ne les dépensez pas pour acheter ce que vous avez besoin.
Diminuez les essaies inconséquences par des compétences et des essais conscients, pour cette raison vous devez calmer votre cerveau. Dédiez plus de temps à profiter de la vie et regardez pensivement les étoiles, les nuages, les rivières, les averses de la pluie, les créatures (animaux) et la nature. Ensuite, répandez la même force de la bonté par la paix envers les autres. Tout d'abord, commencez par la famille. Passez beaucoup de temps à jouer bruyant avec les enfants. Ecoutez à leurs paroles, parfois leur lisez des histoires, faites une promenade avec quelqu'un que vous l'aimez et lui dites que vous l'aimez au fond du cœur.
Faites la même manière dans l'office, la communauté et même avec des étrangers. Essayez de donner votre place à quelqu'un d'autre dans la file au lieu de se dépêcher.
Quand le feu est jaune, arrêtez-vous au lieu d'augmenter votre vitesse et évitez de conduire follement et ne pensez pas à arriver deux minutes tôt. Permettez gentiment aux

autres conducteurs de traverser dans les rues fréquentées, même si vous avez raison.

Ce sont pour commencer à changer. Créez la tranquillité et profitez de la vie.

Si les gens vous évitent, signifie que la fréquence de vos pensées est effrayante et douloureuse, c'est-à-dire vous êtes déséquilibré. Si vous voulez connaitre votre propre impact sur les autres, vous devez faire une liste de ceux qui sont honnêtes avec vous, vous les posez comment ils vous voient, pour savoir leurs pensées à propos de vous, afin de les comprendre par votre perception qui est en vous.

Vous n'avez rien fait mal, vous n'avez pas échoué. Mais votre comportement a été des résultats. La question n'est pas la raison de la faire, mais la question principale est "Qu'est-ce que vous fera avec ces conséquences?" si vous choisissez le sens honteux et coupable, vous serez plus faible que les autres sentiments et vous éloignerez de la vie. Parfois vous voulez mourir. C'est le meilleur moyen: vous n'avez aucune faiblesse pour la vie dans chaque situation que vous y êtes. Vous avez obligé de tolérer cette dépression morale et attrister et décevoir par votre mal comportement. Vous avez eu besoin d'échouer pour connaître les problèmes et vous avez besoin de vous ajuster. Vous devez atteindre un meilleur endroit par le pouvoir de la pensée et comprendre que vous êtes un être divin. Toutes les faiblesses que vous les ressentez ne sont pas en harmonie avec l'amour de Dieu.

Demandez à Dieu de vous guider, si vous êtes déçu. Priez pour que votre cœur soit plein d'énergie d'excitante, de santé et de paix. Si vous n'êtes pas bien, revenez sans aucun doute dans ce chemin, pardonnez-vous et plongez dans l'amour de Dieu afin de réajuster votre vie.

Les Lois Cosmiques

Vous avez la raison continuelle pour ne pas accepter les évènements, si vous considérez que l'échec des désirs et des besoins sont l'erreur de Dieu, tandis que Dieu est désireux de donner à l'homme l'abondance de bénédictions.

En fait, Dieu est la bénédiction absolue, mais l'homme évite le chemin du bonheur. Si vous considérez les échecs et les désenchantements comme la volonté de Dieu, une grande résistance produira en vous, et 'univers vous donnera plus que vos croyances.

Si un évènement mauvais vous arrive, vous n'êtes pas coupable ou malheureux, mais dans ce moment, votre pensée et cet évènement ont eu la même fréquence. Si vous pensez comme ça, vous pouvez adapter le monde à la fréquence de vos pensées, également vous pouvez être en harmonie avec ce que vous aimez. Vous mouvementez l'énergie en changeant la fréquence de base à haute pour être en harmonie avec votre désir parfait. Je vous demande à mettre votre pensée sur la vibration de la pensée et oublier la vision du bonheur contre la misère.

En fait, vos pensées sont votre enrichissement. Si vos pensées partent vers le but avec un but spécifique, la persévérance et le désir fort, elles les transforment en richesse ou en ce que vous voulez.

Lorsque quelqu'un est vraiment prêt à faire quelque chose, il se manifeste très tôt.

Capituler, c'est l'une des principales raisons de l'échec, surtout quand l'échec temporaire se produit. Chaque personne est coupable, si elle fera cette erreur dans chaque moment.

Quand vous échouez, vous devez capituler, car c'est le choix simple et logique. C'est la même réaction qui font la plupart des gens.

Plus d'un millier d'hommes réussis de ce pays que vous les connaissez jusqu'à maintenant, pensent que leur plus grande réussite qu'ils ont été, c'était à un pas de la victoire, c'est pourquoi ils ont accepté l'échec.
Lorsque vous commencez à "réfléchir" et "être riche", vous comprendrez que la richesse commence facilement par un état mental, un but spécifique, peu de travail. Vous et les autres personnes doivent aimer savoir comment vous pouvez obtenir un état mental pour absorber la richesse.
"Einstein" était un homme réussi, car il connaissait les principes du succès. L'un de ces principes, c'est le désir intense, signifie savoir ce que l'homme veut. Vos vibrations exactes que personne ne les connaît, absorbent des forces, des personnes et des situations de la vie pour nous, des forces qui sont compatibles avec nos pensées dominantes.
Avant de devenir riche, nous devons absorber notre esprit avec un fort désir de richesse et également il faut être conscients de l'argent afin que ce fort désir nous dirige vers trouver de nouvelles idées pour être riche.

La victoire

Si quelqu'un veut vaincre, il doit détruire tous les ponts derrière lui et casser toutes les sources de la retraite; c'est pourquoi il peut être sûr qu'il peut sauver l'état d'esprit désireux de vaincre, l'état qui est nécessaire pour la réussite.
Mais vous avez toujours entendu que certains disent qu'il ne faut pas détruire les ponts derrière vous, car vous pensez que vous avez le moyen de revenir, pour cette raison vous n'essayez plus de réussir.

Les Lois Cosmiques

L'argent est le rêve de tous les hommes qui le connaît. Le rêve seul n'apporte pas riche. Mais ce qui apporte la richesse, c'est un désir fort et infini qui se transforme en plaisir mental. Puis, vous planifiez et rassemblez vos idées, ensuite vous commencez à travailler.

Vous n'aurez aucun problème pour vous convaincre d'obtenir l'argent, si vous voulez cet argent très désireux qui est votre désir mental. Le but, c'est demander de l'argent et d'être déterminé à l'obtenir, que vous pouvez vous convaincre pour le gagner. Seulement les gens qui sont "conscients" de l'argent, peuvent accumuler une grande richesse. "Conscience monétaire", c'est-à-dire l'esprit a un fort désir d'argent et l'homme peut se voir comme son propriétaire.

Tous les hommes riches commençaient tout d'abord par le rêve, l'espoir, le désir, l'envie fort et par le programme spécifique avant de gagner de l'argent. Il est possible que vous comprenez maintenant que vous pouvez être riche, seulement par avoir la passion, l'excitation et le désir fort. En fait, vous devez vous considérer comme son propriétaire.

Egalement vous savez peut-être que chaque guide suprême et grand a été un rêveur depuis le début de la civilisation jusqu'à maintenant, car les fondateurs de cette civilisation ont été toujours des rêveurs passionnés. Les rêveurs qui ont eu la lucidité et l'imagination pour voir les réalités mentales et spirituelles avant qu'elles deviennent comme physiques. Si vous ne voyez pas les grandes richesses dans votre imagination, vous ne les verrez jamais dans votre carte bancaire.

Quand vous planifiez pour atteindre votre droit de la richesse, ne laissez personne vous influencer et vous moquer de vos rêves.

Si vous pensez que vos affaires sont biens, les continuez! Montrez votre rêve évidemment aux autres et si vous échouez temporairement, ce n'est pas important qu'est-ce qu'ils disent à propos de vous. Peut-être qu'ils ne savent pas que chaque échec est égale à la graine de succès.
Thomas Edison a eu le rêve d'une lampe qui pourrait travailler avec électricité. Il commençait à réaliser son rêve, là où il comparut. Il continuait son rêve, même après dix mille fois d'échec qu'il l'a transformé en réalité physique. Les vrais rêveurs ne capitulent jamais!
Vous avez été déçu, vous avez échoué dans une situation difficile et vous vous êtes senti inférieur. Soyez courageux, car ces expériences ont régularisé le matériel spirituel que vous avez construit.
Tous les hommes réussis dans la vie, ont un commencement mauvais. Il expérimentait beaucoup d'efforts tristes et infructueux avant d'attendre leur but. Généralement le tournant des gens réussis produit dans le moment difficile.
Le rêve d'avoir une chose est différent d'être prêt pour la recevoir. L'homme n'est pas prêt tant qu'il ne croit qu'il peut recevoir quelque chose. L'état d'esprit doit être la croyance pas seulement l'espoir et le désir. Le grand pouvoir de perception est nécessaire pour la croyance. L'esprit fermé et l'étroitesse ne peuvent pas inspirer la foi, le courage et la croyance.
Utilisez les moyens simples pour concentrer, les manières qui ne croyaient jamais les faits difficiles. Créez un esprit qui ne connaît pas un mot "impossible" et n'accepte pas une réalité "échec".

Les Lois Cosmiques

La foi

La foi est le principal alchimiste de l'esprit. Lorsque la foi se confond avec la vibration de la pensée, le subconscient la reçoit immédiatement et la transforme en équivalent spirituel et la transmet à l'intelligence infinie, comme l'adoration.

Le principe qui transforme le désir fort en l'équivalent physique et monétaire, c'est la foi. La foi est un état d'esprit qui peut être inspiré ou créé par le principe d'auto-induction avec la confirmation ou les commandements successives au subconscient.

Il est difficile de décrire la manière que l'homme augmenter sa foi. Il n'y a pas de cette manière. En fait, c'est comme expliquer la couleur rouge à des aveugles qui n'ont jamais vu cette couleur.

La foi est la croyance du cœur, dont vous pouvez la recevoir volontairement après avoir fait confiance à Dieu.

La seule manière célèbre de développer volontairement le sentiment de la foi, c'est mettre l'accent sur les ordres pour votre subconscient par la répétition.

«Chaque pensée qui entre successivement dans le subconscient, finalement il l'accepte et le fait. Cette pensée se répète constamment pour que l'esprit la transforme en son équivalent physique par la manière la plus effective.»

Votre croyance ou votre foi déterminent les actions de votre subconscient. Lorsque vous donnez des ordres à votre subconscient par l'auto-induction, rien ne peut vous empêcher de "tromper" cet esprit.

Comprenez cette réalité pour savoir l'importance d'encourager les sentiments positives comme les forces dominantes sur votre esprit et d'affaiblir ou supprimer les sentiments négatifs. L'esprit qui est plein d'émotions positives est une bonne place pour l'état mental de la foi. C'est une réalité connue: L'homme croira tout ce qu'il répète comme vrai ou faux. Si quelqu'un répète un mensonge plusieurs fois, il l'acceptera et le croira comme la vérité.

Maintenant, il y a une définition importante dans notre esprit, c'est les pensées qui se confondent avec les émotions et les sentiments, créent une force "magnétique" qui absorbe les pensées similaires des vibrations de l'espace; donc il est possible qu'une pensée "magnétique" émotionnelle a été comparée avec une graine. Lorsque cette graine est semée dans le sol plantureux, elle germe, grandit, se multiplie plusieurs fois, c'est pourquoi une petite graine principale produit des millions de graines du même type.

Nous sommes les mêmes êtres humains que nous sommes en réalité par avoir des vibrations mentales que nous les choisissons et les mémorisons grâce aux stimulus environnementaux quotidiens. Décidez de supprimer des effets de chaque environnement sinistre et créez votre vie et vous vous débrouillez dans la vie aussi.

En considérant le liste de votre propriété et vos dettes mentales, vous comprendrez que votre faiblesse la plus importante, c'est le manque de confiance en vous. Vous pouvez vaincre cette faiblesse. Vous pouvez transformer votre affaiblissement en courage à l'aide de l'auto-induction.

Si vous pensez que vous avez échoué, vous échouerez.

Si vous pensez que vous n'avez pas le courage, donc vous ne l'aurez pas.

Si vous pensez que vous êtes vaincu, alors vous ne vaincrez jamais.

Si vous pensez que vous êtes meilleur que les autres, donc vous serez le meilleur.

Alors, quand vous lisez des phrases d'accentuation à haute voix (par laquelle vous essayez de développer la "conscience monétaire"), sachez que lire ces phrases seulement n'a aucun sens, sauf quand vous combiniez vos mots avec l'émotion et la passion. Si vous répétez un million de fois cette phrase sans le sens de la joie: "Je progresse de jour en jour dans chaque travail", vous n'expérimenterez pas une bonne conséquence. Votre subconscient connaît seulement les pensées qui se confondent avec la passion et l'émotion, et il agit selon ces pensées.

Les mots simples et non émotionnels n'affectent pas le subconscient.

N'attendez pas un plan spécifique pour troquer vos services et vos biens avec l'argent prévu, mais considérez-vous comme le propriétaire de cet argent. Egalement, prévoyez que votre subconscient vous donnera le ou les plans que vous avez les besoins.

La science et le savoir n'absorberont pas d'argent à moins qu'elles soient organisées par des plans pratiques et elles doivent être guidés vers le but spécifique, signifie accumuler l'argent.

Manque de compréhension de cette vérité, c'est la source de confusion pour les millions de personnes que leur croyance erronée est de dire de cette phrase: «La science, c'est le pouvoir», mais ce n'est pas une croyance correcte! La science est un pouvoir virtuel et elle transformera en pouvoir, lorsqu'elle est organisée selon les plans pratiques et dirigée vers un but spécifique.

Accumuler de grands richesses a besoin du pouvoir, et vous pouvez recevoir ce pouvoir par la science spécifique, la science qui est complètement organisée et dirigée

intelligemment vers le but. Mais ce n'est pas nécessaire que cette science soit pour quelqu'un qui accumule de l'argent.
L'un des propos important à propos de l'homme, c'est seulement qu'une situation qui a un prix est important pour lui.
Il est très important d'être conscient à propos de la science et la connaissance! quelqu'un qui arrête d'étudier, elle est condamnée avec désespoir pour être une personne ordinaire et moins de capacité, seulement c'est à cause de finir l'université. Votre emploi n'est pas important. La voie du succès, c'est la voie de la poursuite constamment de la science et de la connaissance.
Si vous avez le pouvoir de l'imagination, ce chapitre peut vous donner des idées convenables pour accumuler la richesse que vous voulez. N'oubliez pas que le sujet principal c'est l'idée et la pensée. La science spécifique peut être dans chaque partie.

Esprit créatif

En fait, le pouvoir de l'imagination est comme un atelier où tous les plans créés de l'homme ont été renouvelés. La forme, l'état et l'action a été donné à un désir intense à l'aide du pouvoir de l'imagination de l'esprit. On dit que l'homme peut faire tout ce qu'il imagine.
Si vous êtes l'une des personnes qui croient que le travail beaucoup et l'honnêteté seulement, peuvent vous apporter de la richesse. Nettoyez votre pensée, car n'est pas correcte! lorsque vous recevrez une grande richesse, ce n'est pas à cause de votre travail beaucoup! si vous recevrez la richesse par réagir à certaines demandes, cette richesse vient selon l'application des principes

Les Lois Cosmiques   83

spécifiques, pas par la chance ou la possibilité. En général une idée, c'est une pensée qui stimule l'action par le pouvoir de l'imagination. Tous les vendeurs expérimentés et principaux savent qu'ils ne pourront pas peut-être vendre leurs produits, mais finalement, ils vendent l'idée quelque part. Les vendeurs ordinaires ne le savent pas, c'est pour quoi ils sont "ordinaires".

«Le succès ne besoin aucune explication et il n'accepte aucune excuse.»

Personne n'a pas obligé de faire un travail, à moins qu'elle capitule dans son esprit. Cette réalité sera répété plusieurs fois, car c'est très facile de "complètement capituler" par le premier signe d'échec.

«Une personne indécise ne vaincra jamais, et une personne vaincue ne capitulera jamais.»

Ecrivez cette phrase en gros caractères sur un papier et le mettez dans le lieu où vous la voyez chaque nuit avant de dormir et chaque matin avant d'aller travailler.

C'est la particularité des gens qui ont la science superficielle et ils essaient d'influencer les autres comme s'ils ont une science parfaite. Généralement, ces personnes parlent beaucoup et écoutent peu. Si vous voulez atteindre l'habitude de la détermination et de la décision immédiatement, ouvrez vos yeux et vos oreilles et fermez votre bouche. Les gens qui parlent beaucoup, ils peu travaillent. Si vous parlez beaucoup au lieu de l'écouter, vous vous privez d'accumuler la science et la connaissance, également vous décèlerez vos buts et vos projets pour les gens qui apprécieront votre échec, car ils vous envient. N'oubliez pas lorsque vous ouvrez votre bouche chez un scientifique, vous lui montrez la quantité exacte de votre science ou son manque. La vraie sagesse se manifeste par le silence et l'humilité.

Vous devez être riche, car vous n'avez pas de droit d'être pauvre. Vivre et être pauvre est certainement de la misère, et la double misère c'est que vous pouvez être riche comme vous pouvez être pauvre. Il faut être riche honorablement! car la manière honorable, c'est la seule voie qui nous dirige immédiatement vers la richesse.

Si vous êtes pauvre, vous ne pouvez pas être heureux. Vous n'avez besoin d'être pauvre. La pauvreté est un péché. La pauvreté, c'est comme m'enfer, dont sa source est l'aveuglement de l'homme avant les bénédictions infinies de Dieu pour l'homme. La pauvreté est une expérience impure, ennuyeuse et l'humiliant. En fait, elle est une maladie et généralement c'est une sorte de stupidité.

Les prisons seront remplies des voleurs et des criminels par la pauvreté. La pauvreté dirige l'homme vers la toxicomanie, la corruption, la dissolution et le suicide. Elle crée des hommes criminels et pécheurs par les enfants purs et intelligents. Egalement elle conduit les gens à faire les travailles qu'ils ne pensaient comme ça s'ils n'étaient pas pauvres. La pauvreté est la source des guerres actuelles.

N'acceptez aucune raison pour admettre la pauvreté comme une condition perpétuelle. La raison que vous pouvez faire beaucoup de bonnes actions, c'est que vous ne voulez pas être capable. Votre raison principale pour devenir capable, c'est que vous devez être riche. Comme Dieu vous donnait le pouvoir de créer, la richesse est votre droit et votre héritage divin.

Il n'y a aucune raison pour vous de séparer la richesse de votre vie spirituelle. Il n'est pas nécessaire de vivre dans deux mondes. Travaillez six jours par semaines, le septième jour laissez Dieu de vous montrer sa capacité. Chaque jour et chaque moment, considérez Dieu comme un père riche et gentil qui sait votre situation, comprend

vos sentiments, Il s'intéresse à toutes vos actions et prend soin de votre vie à chaque instant. Demandez à Dieu de vous aider, les problèmes financiers et autres, et cherchez le commandement de Dieu. Finalement, vous serez étonné pour s'améliorer de tous les aspects de votre vie.
C'est la promesse de Dieu: ((Tout est pour vous.))
Si vous comprenez que c'est la volonté de Dieu que vous devez être riche que Dieu, c'est la source de votre richesse comme Créateur de ce monde, pour cette raison vous ne serez pas comme les gens qui adorent la richesse et vous ne créerez pas une idole par votre richesse. Vous demandez à Dieu, la source des bénédictions, votre héritage riche et infini.
Le mot richesse signifie avoir une vie glorieuse. C'est la même chose que l'homme penseur doit essayer pour la recevoir et considérer cette vie comme son droit spirituel.
Si vous considérez Dieu comme la source de toutes vos bénédictions et que vous faites confiance à Dieu dans tous les détails de vos finances, tous les aspects de votre vie seront stables. Pour cette raison vous n'aurez pas de nécessité financières et d'urgences et vous n'aurez besoin des restes céleste promptement. Il est étonnant que si vous considérez Dieu comme la source des bénédictions, votre situation financière s'améliorera et vous recevrez l'essence qui réalise vos besoins. Si vous considérez toujours Dieu comme la source de vos bénédictions et demandez à Dieu votre subsistance dans chaque jour, Il vous offrira.
N'oubliez pas que Dieu est la source de toutes les bénédictions. Ensuite, communiquez spirituellement avec Dieu, son essence riche et ses idéaux riches qui attendent votre connaissance et votre confirmation, puis dites: Dieu m'aime. Maintenant j'accepte toutes les bénédictions de

Dieu. Mon joyeux succès, c'est la providence de Dieu; Dieu me donnera ces bénédictions bientôt.
C'est étonnant de savoir que d'abord on peut faire tout dans l'esprit et de comprendre que votre esprit c'est votre pouvoir divin que vous pouvez l'utiliser pour faire le bien.
On a été dit que tout se fait d'abord dans l'esprit, car l'esprit est le lien entre le monde perceptible et le monde imperceptible.
Nous sommes tous comme l'aimant! Pour cette raison nous n'avons pas besoin d'absorber par la force, la richesse et le succès. Vous pouvez augmenter la place mentale joyeuse, l'espoir et l'attente d'être riche qui absorbe immédiatement toutes les bonnes bénédictions du monde, au lieu de flâner dans le désordre, le stress, la critique, l'inquiétude, la dépression, le manque de générosité et le sens d'appartenance qui absorbe toutes les misères, les problèmes et l'échec.
Maintenant, je vous enseigne l'une des manières de "générosité" dont vous pouvez recevoir plus de chaque bénédiction que vous l'avez besoin dans la vie.
Chaque jour, essayez une heure dans une place calme et absolvez dans votre esprit tous les gens qui vous oppressaient ou les gens avec qui vous ne vous sentez pas bien. Si vous avez accusé que d'injustice, si vous avez mal parlé avec quelqu'un, si vous avez critiqué quelqu'un, si vous avez médit quelqu'un, si votre problème avec quelqu'un a conduit à la justice. Excusez-les mentalement. Leur subconscient recevra votre message et répondra positivement. Pardonnez-vous, si vous vous accusez pour l'échec ou l'erreur. Le pardon et la générosité peuvent vous calmer et ouvrir la voie de la richesse et du succès.
Répétez cette phrase dans votre esprit, pour pardonner aux autres:

Les Lois Cosmiques 87

L'amour béatifique de Dieu, nous a libérés. L'amour divin crée de bonnes conséquences et également il produit la paix et la tranquillité entre nous. J'imagine Dieu par une meilleure vue et je le vois le plus gentil que les autres. Répétez cette phrase pour devenir riche:
((Je suis seulement dans la protection de l'absolution, de la générosité, de la grâce et de la miséricorde de Dieu.))
Est-ce que vous avez pensé comment vous pouvez résoudre l'un de vos problèmes? Si vous avez été dans cette situation, abandonnez et libérez; vous devez quitter quelque chose et abandonnez quelqu'un. A propos de la situation et des personnes que vous avez le problème, continuez de répéter cette phrase dans votre cœur: ((Je suis libre. J'abandonne tout afin de faire confiance en Dieu dans toutes mes affaires.)) N'ayez pas de peur de quitter. Vous ne perdrez rien par abandonner quelque chose.
Il y a la liberté dans la spiritualité; mais ce n'est pas la perte et le manque. Abandonnez pour que vos bénédictions et celles des autres puissent mouvoir librement et être attirées vers vous. La libération augmente le pouvoir de l'attraction des bénédictions.
Nous voulons tous être riche. Donc, la richesse est notre définitif. C'est la technique de gagner de l'argent: Ne parlez jamais de pauvreté. Au lieu de cela, pensez à la richesse abondance universelle et cosmique qui est partout. Puis, apprenez à abandonner, quitter, offrir; donc ouvrez le choix pour les choses que vous avez pré ou rêvé. Quand vous abandonnez les pensées, les rêves, les tendances, les objets et les enrichissements vieilles ou vous les retirez de l'espace de votre vie, vous mettrez de nouveaux idéaux et pensées de richesse, de réussite et de nouveaux développements; c'est pourquoi votre situation s'améliorera de jour en jour. Il faut toujours vouloir les meilleurs choses.

Il est nécessaire pour le progrès. Comme les vêtements des enfants rapetissent pour eux, quand vous développer les horizons de votre vie, vous comprendrez que les anciens idéaux sont rétrécis.

Beaucoup de gens essaient d'être riche par des moyens extérieurs, mais ils ne peuvent pas réaliser leur but, car ils ont peur de déterminer leur tâche par leurs pensées et de réaliser les rêves définitifs. Ils veulent avoir une bonne vie et être riche, mais ils ne savent comment ils peuvent l'avoir et combien d'argent ils ont besoin.

La plupart des gens ont peur d'être certain. Ils ont peur de décider au lieu de Dieu. ((Quand un rêve juste et forte viens vers vous, c'est la main de Dieu qui frappe la porte de votre esprit et Il veut vous donner une grande bénédiction)). Si vous supprimez ce rêve et ne le laissez pas de se manifester, généralement il s'écarte et se manifeste comme des tendances nerveuses, des pressions, de peur, de taxinomie, des maladies mentales, de déséquilibres sexuels ou d'autres actions négatives.

C'est la promesse de Dieu : ((Appelez-moi pour que je vous répondre.))

Il a une puissance étrange de penser à ses rêves, de l'explication constructrice de ces rêves par écrire, de déterminer le temps désirable pour les réaliser et de prier que la grâce de Dieu les inclus. Ces actions et ces rêves semblent peut-être simples, mais généralement les grandes vérités et les secrets puissants sont simples. Ils sont si simples que les gens ordinaires l'ignorent par essayer de trouver un moyen plus difficile.

C'est la volonté de Dieu que vous soyez supérieur dans tous les domaines. ((Parce que le royaume de Dieu est pour vous.)) Mis si vous demandez l'aide de Dieu pour expérimenter ce royaume, le moins fait que vous puissiez

Les Lois Cosmiques — 89

faire, c'est d'être honnête avec Dieu et vous-même. Sinon, vous fermerez le chemin de chaque succès.

Une autre technique utile, notamment pour payer les factures, c'est qu'au lieu d'avoir le sens de la haine et du blasement, écrivez sur leur paquet: ((Je vous remercie de votre service.))

Comme ils ont le rêve d'une grande bénédiction, vous devez créer leurs images mentales dans votre pensée. Le raisonnement dit peut-être que, c'est impossible, donc vous ne faites pas attention. Probablement le pouvoir de votre volonté dit que ce rêve est très grand et peut-être il ne peut pas se réaliser. Si vous insistez courageusement sur votre imagination, vous le réalisera. Si vous continuez ces exercices, vous recevrez également la collaboration le pouvoir de la volonté. Tout ce que vous apprenez à votre esprit, l'espoir et l'attente vous créerez.

En fait, vous êtes toujours en train d'utiliser votre pouvoir d'imagination. Mais peut-être vous l'utilisez pour l'image de la pauvreté, le désenchantement t tout ce que vous ne voulez pas avoir dans la vie. Quand vous essayez dans votre solitude, prenez votre portefeuille et votre chéquier, fermez vos yeux et imaginez que votre portefeuille est rempli de l'argent. Voyez votre chéquier d'un grand nombre. Profitez de votre imagination. Le pouvoir de l'imagination et l'imagination … dans votre imagination voyez toutes les bénédictions que vous voulez les expérimenter.

Les paroles affirmatives

Aujourd'hui, nous entendons constamment à propos des paroles affirmatives qui sont un type de commandement. La plupart des gens ont prouvé que pratiquer quotidienne de "paroles affirmatives" avec la haute voix ou calmement dans le cœur, c'est le moyen le plus simple pour trouver la loi du commandement pour réaliser des rêves... En effet, utiliser "des paroles affirmatives" pour recevoir ce que vous voulez, est si simple que la plupart des gens ne peuvent pas les faires confiance et ils cherchent un moyen complexe.

Quand vous demandez avec l'insistance votre bénédiction favorable par prononcer ces paroles, et vous parlez à propos de ce que vous ne voulez pas, vous créez un nouveau processus dans votre esprit pour développer dans plus d'espace par l'insistance afin de manifester votre bénédiction préférable au niveau matériel. Si vous parlez beaucoup avec plus insistance à propos de votre bénédiction, vous verrez immédiatement le résultat.

Ne sous-estimez jamais le pouvoir de la parole. Votre parole construit votre monde.

Il y a des centaines des paroles affirmatives par lesquelles vous pouvez condamner à votre bénédiction de se manifester. Vous ne devez pas douter pout l'utiliser de ces paroles. Par exemple, lorsque votre revenue n'est pas suffisamment ou votre portefeuille est vide, prenez-le en main et dites plusieurs fois à voix haute dans votre solitude: ((Je vous bénis, e maintenant je vous remercie pour les richesses de Dieu qui sont en vous et elles sont pour moi par vous.))

Nous avons préparé les paroles les plus complètes sur notre site comme audio et PDF. Visitez notre site, préparez-le et les écoutez toujours.

Les Lois Cosmiques

L'adresse: www.moghadassi.com

Lorsque vous mangez heureusement, bénissez pour votre table et votre repas et remerciez-les. Quand vous vous habillez, soyez heureux.

Vous pensez peut-être que j'exagère pour utiliser ces paroles, car il y a une expression dans chaque coin de ma maison qui je l'ai collé aux objets de la maison. Je comprends le pouvoir de ces paroles.

J'ai collé la parole de la santé, de la jeunesse et de la beauté dans le coin de mon miroir. La phrase que je l'ai collé sur le panier du pain, c'est: ((Je remercie Dieu pour me donner les innombrables bénédictions qui sont dans ma vie.)) Pour empêcher les gens qui sont sans but dans ma vie, j'ai collé cette phrase: ((Maintenant, il y a ordre de Dieu dans ma vie.))

C'est meilleur de commencer la journée par répéter les paroles qui vous aident à contrôler toute votre journée. Je vous propose cette phrase: ((J'envoie avance les bénédictions de Dieu pour avoir le soutien, l'aide et le guidage de Dieu. Maintenant tout que je les ai besoin sont prêts.))

La prise de conscience du pouvoir des pensées sur devenir riche seul ne peut rien faire. Il faut faire ces pensées. La répétition les paroles affirmatives à haute voix sont partie de ce programme.

C'est très bien d'utiliser l'expression de "j'ai la loi" au lieu de "je n'ai pas la loi".

Souvent, lorsque les gens commencent à critiquer, blâmer et humilier les autres gens, ils ne savent pas que selon la loi de l'attraction de l'esprit, ils invitent les mêmes particularités et les absorbent vers leur vie. Ne perdez jamais votre temps pour vous-même ou pour les autres par la pensée de diminuer. Soyez sûr chaque chose que vous

donnez, vous le recevrez multiple et vous produirez les mêmes expériences dans votre vie.
Soyez plein de pensées agrandissement pour vous-même. Sentez que vous réussissez de plus en plus et aidez les autres à réussir. Chaque action et le ton de votre parole doit manifester la confiance calme et riche de votre succès. Si le monde de votre esprit est plein d'enrichissement, donc vous n'avez plus besoin d'assurer les autres de votre succès par votre parole, car le succès se manifeste et les autres le ressentiront inconsciemment. Ils veulent passionnément communiquer avec vous, car le sentiment d'enrichissement du succès et du pouvoir que vous montrez, absorbent les autres.
Seulement vous devez créer en vous le sentiment de la richesse, du succès et du pouvoir afin que les gens penseurs et puissants que vous ne les connaissait jusqu'à maintenant, puisent être votre client, collègues et votre ami. Les gens vont inconsciemment vers l'espace qui est plein développement. Les travails qui se développent immédiatement et apportent beaucoup de bénédictions sont dans cette catégorie. Quand vous donnez aux autres la pensée du développement dans votre esprit et quand vous vous amusez avec cette imagination dans la profondeur de la paix, les autres sont attirés vers vous et vous donneront sans doute du pouvoir et de la richesse.
Soyez courageux et éveillez la loi de l'augmentation dans vaste et petite échelle autant que vous le pouvez. La source spirituelle que toutes les richesses sont pour laquelle, ne finira jamais. C'est toujours avec vous et répond à votre foi, vos désirs et vos attentes. Nous parlons stupidement à propos des situations difficiles n'affectent pas cette source, alors qu'elles affectent nous-mêmes, le pouvoir de nous manifester dépend de l'influence de nos pensées et de nos paroles. La source infinie est toujours prête à nous

Les Lois Cosmiques 93

donner. Diffusez la parole vivante de votre foi partout afin que vous deveniez riche même si toutes les banques du monde sont fermées. Dirigez votre grande d'énergie de votre esprit vers "l'abondance", afin que contrairement à ce que les autres disent ou font, la beaucoup de richesse soit pour vous.

Accumulez et utilisez justement la source de votre existence, en concentrant sur les pensées, les sentiments, les relations et vos activités à propos de la richesse, pas de l'échec et la pauvreté. Laissez vos pensées et vos paroles de submerger dans la richesse. Attendez la richesse.

Rappelez-vous constamment que les pensées, les paroles et les rêves désordonnées et stupidement auront des résultats comme ça et plein de la pauvreté. Concentrez les images mentales de la richesse sur l'étoile riche du succès et stabilisez-la là.

Si vous vous sentez tenté de désespoir, quand vous essayez d'attirer la richesse, rappelez-vous que c'est facile et inutile selon votre croyance précédente. Mais ignorer l'apparence opposée et réfléchir richement est précieux, car les résultats seront abondances.

Apprenez ne pas désespérer. Si un événement défini ne se passe pas dans le temps ou comme vous le vouliez, ne le considérez pas comme un échec; et la raison c'est qu'une chose meilleure viendra et se manifestera au bon moment. Si vous sentez que vous avez échoué, c'est parce que votre rêve n'était pas si grand. Développer la grandeur de votre point de vue et votre rêve afin d'absorber un résultat qui ne correspond pas même dans votre imagination. L'échec, c'est le succès qui essaie de venir chez vous dans plus grande échelle. La plupart des échecs apparentes sont la fondation de la victoire!

Eviter l'humiliation de regretter le succès des autres et dites constamment à voix haute ou à voix basse: ((Je

n'envie pas la richesse des autres. J'ai confiance en Dieu. Je Lui demande de me guider et devenir riche. Dans ce monde, succès et richesse est pour tous.))
C'est la règle d'or de la richesse: vous ne devez jamais parler de la richesse des autres ou penser que vous ne la voulez pas pour vous-même.
Répétez constamment cette parole affirmative: ((toutes les portes ont été ouvertes pour affluer toutes les richesses vers moi. Toutes les chemins sont ouvertes et libres afin que mon giron soit plein de bénédictions infinis.)), puis attendez heureusement et laissez ces bénédictions venir à vous!
C'est un autre point à propos de l'argent: n'ayez pas peur de prier pour de l'argent et de devenir riche.
Si vous avez de besoin financier, soyez courageux et priez pour votre besoin et demandez de votre Dieu gentil pour vous aider afin de réaliser votre besoin complètement et avec une gloire infinie.
Si l'intérieur ne change pas, vous ne pouvez pas avoir les changements extérieurs, car les processus intérieurs de l'esprit contrôlent les expériences extérieures de notre vie. Si vous êtes au milieu de l'échec, des problèmes financiers, de l'inquiétude et de l'insatisfaction de votre travail, aucune de ces situations ne devrait vous empêcher de penser à la richesse, de planifier pour l'abondance de bénédictions et de l'images mentales pour réussir. Si vous demandez à la sagesse infinie de vous guider, rien ne peut vous empêcher de développer vers votre but.
Soyez courageux et soyez l'architecte de votre esprit et créez les images de plus grandes bénédictions sans-hésiter. Soyez heureux avec le courage, quand vous faites les faits quotidiens des images de vos plus grandes bénédictions. Demandez courageusement à Dieu votre richesse infinie et la voyez par vos yeux. Il n'est pas important ce qui se

Les Lois Cosmiques

passe dans vous et dans votre environ. Dites fermement: ((Mon Seigneur! cela ou une meilleure bénédiction! qui se fait par ta bonne volonté et sublime.))
Alors, rappelez-vous que vous ne pouvez pas améliorer votre situation par combattre. Votre situation ne s'améliorera pas par blâmer les autres et les imaginer comme responsables de vos désespoirs et vos échecs. Ne résistez pas à la situation actuelle et sachez que le changement a déjà commencé vers l'amélioration. Si vous sentez que tout s'est arrêté et ne mouvement pas, rappelez-vous que l'univers est constamment en mouvement et que nous sommes en train de vivre et mouvementer et notre être tour, même si nous ne pouvons pas le sentir par notre sens. Rien ne s'arrête. Contrairement à l'apparence tout change. Si vous attendez de meilleurs changements, ces changements viendront vers vous sûrement.
Autant que possible, mettez-vous dans l'espace de richesse et l'abondance de bénédictions et passez votre temps chez des personnes réussis. Quand vous essayez de vous convaincre que vous pouvez avoir beaucoup de richesses, mais vous ne voyez aucun signe, vous devriez aller aux banques de votre ville et voyez des personnes réussis qui sont riches. Maintenant c'est le temps de visiter mes belles places et imaginaires, les nouveaux et magnifiques bâtiments et les magasins merveilleux et agréables. Allez aux quartiers riches de votre ville ou aux étés très beaux et agréables où vous pouvez voir les richesses de Dieu et de l'homme.
Soyez courageux pour être différent de tous ceux qui pensent à la pauvreté: Ne pensez pas comme eux, ne faites pas comme eux, ne réagissez pas comme eux à moins que vous vouliez rester au bas de l'échelle. Il y a assez de places pour tous les gens courageux qui peuvent se libérer

des pensées chamailleuses de l'envie et de l'humiliation, dans les places plus hautes.
Le comportement des autres n'est pas important. Demandez pour eux les bénédictions, la protection et le bonheur et leur donnez vos tendances et vos pensées créatives et précieuses.
La raison pour l'échec, c'est que vous sentez que vous devez faire seul, pour cette raison vous voyez l'échec plus facile que le succès.
Récemment que j'ai posé le secret de son succès à une personne, elle l'a dit: Partagez Dieu dans votre vie afin de voir ce qu'il fait pour vous.
Un jour, j'ai décidé de partager Dieu. Le guidage de Dieu augmente mon pouvoir à propos de mes besoins financiers.je commence ma journée par demander le guidage clair sur mes projets et mes plans et je la finis. Je demande le guidage clair pour réaliser mes rêves et mes désirs. L guidage vient toujours m'aider.
Récemment, quelqu'un m'a posé: ((Comment vous pouvez réaliser ces beaucoup de désirs et volontés?)) Quand je l'ai dit: ((C'est très facile. Dieu est mon ami, mon compagnon et mon partenaire, et je Lui confie tous les problèmes, décisions et détresses.)), il m'a posé étonnement: ((Est-ce que c'est vraiment possible? Est-ce qu'on peut Lui confier les grands besoins financiers?)), j'ai répondu: ((Attention! si tu ne peux pas faire confiance à Dieu qui est omniscient et omnipotent et dirige tout l'univers, donc à qui d'autre tu peux faire confiance?))
En effet, Dieu ouvre une porte où l'homme même ne peut pas la penser.
L'une des meilleures façons pour commencer à la formation et l'attente de l'indépendance financier et les expériences agréables, c'est l'utilisation l'échelle quotidiennement, hebdomadaire ou mensuelle. C'est plus

facile de créer des résultats immédiats et court terme pour l'esprit. Par exemple: commencez votre journée, même avant de sortir du lit, par demander la capacité et l'abondance pour le même jour. Laissez votre journée pour commencer et déterminer votre jour par la pensée de la richesse. Quand vous vous réveillez et vous vous préparez émotionnellement pour ce nouveau jour, ou lorsque vous buvez du café et du thé du petit-déjeuner, écrivez plusieurs fois ou dites à voix haute ou bas fermement: ((J'attends les miracles de Dieu chaque jour dans ma vie, surtout aujourd'hui dont j'attends beaucoup de bénédictions et je remercie Dieu pour toutes ces bénédictions.))

La prière

La prière change tout. Elle change les faits et les dirige sur le chemin désiré. Votre problème et sa raison ne sont pas importants. La prière suffisante résoudra votre problème, si vous priez Dieu seulement par la prière.
Soyez sûr que Dieu est toujours avec vous, en vous et chez vous et Il entend vos prières. Peu importante à Dieu quel est votre problème, que votre fils tousse ou que vous êtes infécond et vous demandez à Dieu un enfant, ou qu'une vieille haine vous ennuie, faites confiance à Dieu qui enlève tous les chagrins et apporte la paix et la tranquillité. Quand vous vous retirez du monde pour prier, c'est mieux de ne penser pas à vos échecs... En revanche, calmez-vous et pensez à Dieu et à sa miséricorde transcendant. Si c'est possible, éliminez tous vos petites inquiétudes afin de se concentrer sur la conversation avec Dieu. Gardez dans votre esprit les pensées qui vous aident. Les pensées simples comme: ((Dieu, je t'aime)), ((Dieu merci)), ((Mon Seigneur! je suis en ta présence)) ou ((Je remercie Dieu

pour ses bénédictions)). Lorsque vous ressentez l'existence de Dieu par cette manière si simple, tous vos inquiétudes physiques se tranquilliseront. La peur, l'excitation et les petits soucis de la vie quotidienne diminueront.

Vous pouvez voir cette réalité que nous sommes nés avec la confiance en soi dans les comportements des enfants. Je connais un enseignant qui répétait à voix haute à ses élèves avant commencer son cours: ((Dieu m'aime. Dieu vit en moi. Dieu est mon souffle. Je suis un enfant de Dieu et Il aime ses enfants. Dieu m'aide toujours.)) C'est beau de voir l'apparition du courage et de la confiance et soi dans ses élèves.

Mais pourquoi vous devez croire et fier fortement vos croyances fortes? Les scientifiques disent que l'homme est plein d'intelligence innée. Chaque partie de votre être est pleine d'entendement créateur. L'air qui entre dans les poumons et le monde où vous vivez est plein de l'amour divin qui veut réaliser tous vos vrais désirs et vous donner toutes les sciences. Si vous êtes plein de foi et que vous voulez être en relation avec cette sagesse, elle créera des miracles pour vous.

Si vous ne comprenez pas le pouvoir de la parole, sachez qu'une belle phrase positive est capable plus de mille pensées négatives et deux phrases positives sont capables plus de deux milles pensées négatives. Donc, quand la pensée du désespoir, du doute et de la peur veut vous vaincre, dites fermement chaque jour: ((Mon pouvoir, c'est par Dieu. La raison de mon pouvoir, c'est la puissance du sublime de Dieu. Toutes les puissances ont m'a été donné pour recevoir les bénédictions supérieures de l'esprit, mon corps et mes affaires. Maintenant, j'absorbe tous ces pouvoirs pour les expérimenter.))

Les Lois Cosmiques

L'une des meilleures phrases qu'on peut la répéter avant de mourir, c'est: ((je dors, mais le Dieu qui est en moi reste éveillé pour résoudre mon problème par l'ordre divin et me diriger vers le succès, le bonheur et la richesse.

Une autre de ces meilleures phrases affirmatives pour créer la confidence et la confiance en soi, c'est: ((Dieu m'aime. Dieu me dirige. Dieu me montre le chemin.))

Peut-être vous ne comprendrez jamais l'effet de votre encouragement sur la vie quelqu'un d'autre ou le remerciement et la parole aimante comment peuvent créer les émerveillements dans la vie d'une autre personne. C'est étonnant que la parole aimante revienne mille fois vers vous, car ce que vous envoyez vous viendra mille fois. L'une des façons efficaces pour créer la confiance en soi, c'est la prière quotidienne. Je crois également la prière. Ressentez Dieu gentil en vous et recevrez une grande foi et autorité. Je suis sûr que maintenant vous êtes plein d'enthousiasme et de confiance en soi.

Quelqu'un qui pense, peut réussir. Faites toujours dans le chemin du bien. Faites ce que vous pouvez pour remplir votre extérieur et votre intérieur de la confiance en soi. Faites toujours comme les gens confiants et réussis. C'est pur quoi vos pensées et celles des autres se rassemblent et vont vers les résultats favorables et réussis.

Méfiez-vous les pensées qui vous éloignent de votre but. Lorsque vous pensez à juger et priver quelqu'une d'une situation particulière, rappelez-vous le mot chef des créatures, puis essayez de remplacer les pensées positives au lieu des pensées négatives.

Essayez de vous concentrer sur les choses dans votre vie qui manifestent votre être divin, car l'indépendamment de juger, vous êtes une merveilleuse créature de Dieu, un génie et vous avez un grand créateur.

Soyez conscient que tout choses et tous les gens sont plein de la présence de Dieu, donc méfiez-vous du pouvoir divin dans toutes les créatures. Soyez sûr que vous verrez que ce pouvoir comment apportera pour nous la miséricorde cachement. Notre source, c'est Dieu gentil et nous laissons à ce source infini qu'être dans notre vie pour toujours sans interférence.

Quand vous inspirez les autres par vos grands buts, ces pensées détruisent les barrières de votre but. L'esprit supprime les limitations et la science partage partout. Alors vous vous voyez dans un monde nouveau, grand et étonnant. Les capacités, les facultés et les puissances cachés s'éveillent et vous vous trouverez plus grand qu'avant.

Chacun de nos désirs a des fréquences particulières. Lorsque nous cultivons ces volontés comme les pensées positives de notre esprit, nous serons en harmonie avec des vibrations d'énergie équivalentes dans le monde spirituel: ((Je veux réussir. Je veux être une bonne santé. Je veux expérimenter les relations calmes. Je veux avoir le bien sens autour de la vie, et...))

L'énergie de nos pensées déterminent le niveau de spiritualité de notre vie. Donc chaque doute à propos de notre capacité pour atteindre le but par les vibrations particulières de chaque volonté, désordonnera ces vibrations. Quand ce fait se produit, les barrières entrent dans notre esprit automatiquement. Alors ce n'est pas bon de cultiver les pensées dans l'esprit pour manifester la grandeur de notre capacité à comprendre notre intuition intérieure? Réalisez soigneusement complète les pensées qui vous empêchent de manifester vos capacités. Même le plus petit de ces pensées peut remettre en question votre dignité à vivre une vie divine. Donc nous empêcherons de

Les Lois Cosmiques 101

se manifester nos rêves par l'énergie négative que nous émettons.

Cette pesée: ((Je suis sûr que je ne peux jamais réaliser ma volonté, car je suis sûr que je suis sûr que je n'ai pas de chance)), placez cette pensée: ((Je chercherai toujours le chemin du succès pour être en harmonie complètement avec les vibrations de l'énergie de ma volonté)). Méfiez-vous des pensées qui entrent cachement dans vos pensées et empêchent de se manifester vos désirs et vos rêves.

Faire petit à petit, vous coordonnera avec les vibrations de vos désirs. Donc si vous voulez être en harmonie avec la nature, créez un nouveau plan pour voir vos désirs dans le miroir du cœur et pour y aller fermement.

Si vous imaginez que vous ne pouvez pas ou vous ne voulez pas faire cela, ou si vous sentez que vous n'êtes pas encore prêt pour l'accepter, je vous propose de préparer les livres qui vous aideront de comprendre ces problèmes. Mais soyez toujours conscient des vibrations d'énergie de pensée et d'action de votre relation avec Dieu.

Un des moyens les plus efficaces de communiquer sincèrement avec les autres de l'environnement, c'est moins d'utilisation le pronom "Je". "Calmez-vous"

Quand vous voulez interrompre, essayez d'être silence. Peignez la phrase "soit silence" sur votre esprit et rappelez-vous dans ce moment qu'écouter est plus inspirant que prêcher et rengorger.

Utilisez chaque occasion pour pratiquer la générosité. Planifiez d'aider une autre personne, notamment les étranges. Je vous promets que vous expérimenterez les plus bels sens de votre vie, si vous faites cela. Si vous êtes plus généreux, vous donnerez plus d'inspiration aux autres. Convainquez les autres par la parole et l'action que voulez les partager votre temps et votre argent. Soyez sûr que vous deviendrez une personne suggestive du point de

vue des autres en faisant cela. Tous les gens sont inspirés par voir une personne qui donne son temps et son argent aux autres.
Avant de commencer la journée, prenez quelques minutes de prier. Lorsque vous vous réveillez, dites-vous: ((Maintenant c'est à mon tour de parler avec Dieu.)) demandez vos désirs à Dieu dans ces moments glorieux, Le sentez dans votre cœur, pensez à sa grandeur et surtout remerciez Dieu. Habituellement, je dis dans la fin de prier: ((Dieu merci, merci, merci!))
J'aimerai qu'on vous disait que les expériences de votre vie sont les résultats de vos pensées dominantes et est-ce que la nature des pensées que vous vous concentrez sur eux suffisamment deviendra la réalité? les paroles à propos de cette pensée, comme: ((Il m'est venu ce que je l'avais peur)), ((C'était passé comme tu pensais)), ((Qui se ressemble s'assemble)), ((Vous récolterez ce que vous plantez)).

La fréquence

Quand vous réalisez chaque moment les expériences de votre vie, vous reflétez une série constamment de vos désirs vers le monde extérieur, qu'on l'appelle, la fréquence. Par chaque vibration, la source de votre intérieur vient de cela et crée votre dimension immatérielle, et se concentre sur la version améliorée de la vie et se transforme. Quand ce processus infini de votre vie continue et reçoit les résultats nouveaux et favorables à propos des désirs évidents et cachés, développera la partie vaste et immatérielle.
Si vous vous sentez bien, vous connecterez plus ces fréquences et si vous vous sentez mal, vous résisterez plus.

Les Lois Cosmiques 103

Quand vous ressentez l'amour, la joie ou tout autre sentiment positif en vous, signifie vous avez reçu les moments les plus beaux de votre vie. Quand vous ressentez la peur, la colère, le désespoir ou tout autre sentiments négatif en vous, signifie à ce que vous pensez dans ce moment, c'est contre de votre volonté et votre désir et vous ne vous permettez pas recevoir ce que votre nature est devenue.

Vous comprenez votre environnement en profitant les cinq sens physiques et créez vos volontés comme une série. La partie immatérielle de vos qui est encore se concentre immatériellement voit votre nouvelle volonté et concentre sur ça. Toujours, l'expérience de votre vie matérielle vous fait progresser et vous créerez des nouvelles volontés par chaque votre relation avec des autres, chaque livre que vous lisez, tout ce que vous voyez et par les expériences que vous avez reçu et donc vous continuerez ce processus.

Lorsqu'une personne a le comportement impoli avec vous, vous souhaitez que les autres soient plus gentils. Quand il y a un malentendu pour vous par les autres, vous souhaitez qu'ils vous comprennent.

La vie vous fait toujours développer. Autrement dit, vos standards et vos perceptions deviendront la plus belle que vous, car votre partie spirituellement devient toujours à vos désirs.

Les émotions que vous ressentez à chaque moment, montrent votre relation de fréquence avec vous. Les émotions vous montrent l'existence d'accommodement entre la fréquence de votre pensée avec la fréquence de ce que votre source a cultivé.

Lorsque les énergies se correspondent ou sont proches, votre émotion sera bien. Mais quand les énergies ne se correspondent pas, votre sens ne sera pas bien. Donc, c'est nécessaire d'être conscient de vos sentiments pour vous

guider chaque jour. En d'autre terme, vous devez trouver la façon pour être en harmonie selon ce que la vie vous fait et profitez de la vie heureuse pour laquelle vous êtes né.
Lorsque vous régularisez la fréquence, chaque chose que vous a été inspiré, crée un bien sens en vous. Sans régularisation de la fréquence, ce que vous faites sera si difficile.
Vos efforts créeront les résultats étonnants par régulariser la fréquence qui économiseront de votre temps. Sans régularisation de la fréquence, le résultat de vos efforts sera désespérant et finalement vous pensez que: ((Cela n'a aucun résultat à propos de moi.))
La loi de l'attraction, c'est la loi la plus puissante dans le monde qi contrôle la fréquence de l'univers, comme: visible ou invisible, palpable ou impalpable, électronique ou matérielle, physique ou non physique. L'univers est influencé par la loi de l'attraction, même la loi la plus puissante du monde le contrôle. En d'autre terme, cette loi dit: ((Tout absorbe chaque chose qui est semblable à son nature.))
Par exemple, lorsque vous vous fiez, le sentiment que vous expérimentez montre que la fréquence des pensées de votre intérieur est la même que la fréquence des pensées que vous avez dans ce moment. Lorsque vous ressentez que vous êtes honteux, vous montrez la différence entre vos pensées actuelles et la pensée que votre dimension vaste vous a donné.
Vous devez vous permettre de devenir la créature que la vie a créée pour être heureux. Si vous ne sentez pas la joie, c'est parce que vous ne vous permettez pas de profiter de ce que la vie vous a donné.
Si vous pouviez comprendre ce concept que ce que vous voyez votre environnement, tout d'abord a été une fréquence de la pensée, puis la pensée a produit et

Les Lois Cosmiques 105

finalement elle a manifesté sous forme actuelle, donc vous pouviez recevoir la façon de produire l'expérience de la vie réelle, également vous pouviez ressentir le processus qui est la source de tout l'univers.

Nous aimons votre exemple et votre bateau à rames, car il montre inutilité de ramer vers le contre direction de la vie.

Si vous comprenez que vous pouvez facilement réaliser votre désir, vous dirigera automatiquement vers le chemin de la bonne direction et aussitôt que vous comprenez cela, votre être sera plein de la santé et bien-être naturel et vous rejoindrez ce chemin. L'art principal c'est que vous vous permettez de devenir à ce que la vie a créé pour vous.

La loi de l'attraction n'est pas une loi pour faire, car c'est dans toutes les particules de l'univers, exactement comme la loi de l'absorber qui n'a pas besoin d'être faite, mais elle est toujours faite dans toutes les choses comme la loi de l'attraction.

La loi de l'attraction vous envoie la réponse exacte simplement par milliers de manières différentes selon la fréquence que vous envoyez. En bref, ce que vous arrive est en harmonie avec votre fréquence actuelle. Les émotions que vous ressentez en vous, montrent la situation de la fréquence de votre intérieure.

Il y a la façon la plus facile; c'est-à-dire la conception et l'utilisation de l'art de l'acception. Dans e manière, vous dirigez lentement vos pensées vers vos désirs et lorsque vous comprenez ce processus puissant de la vie et vous recevrez une vision sur l'image grande de quelqu'un qui vous êtes vraiment et c'est plus important que vous vous convaincrez que vous devez être en harmonie avec votre vrai moi. Alors, c'est le temps que l'acception vous trouve une autre nature.

Imaginez que vous allongé dans votre bateau et vous sentez tourner vers le courant d'eau, puis pensez que ce courant vous dirige vers le bonheur inévitable et vers réaliser vos rêves.

Si vous acceptez que l'être ou la source de votre intérieur est en harmonie avec la fréquence de ce que vous êtes devenu, et selon la loi de l'attraction vous apporte le désir si difficile que vous voulez, signifie vous comprenez le pouvoir de ce processus.

Quand vous déterminer quand et comment votre situation physique s'améliorera, vous empêchez de votre amélioration, car vous ne savez pas la réponse de vos questions; c'est pourquoi vous créez une résistance dans la fréquence. Donc, bien que vous ne pouvez pas améliorer votre situation physique, mais vous pouvez améliorer vos sentiments, c'est suffisant.

Créer, c'est-à-dire laissez et acceptez ce que vous voulez faire et sachez que l'acception se produit par la coordination de l'énergie, pas par l'action.

Ce que vous faites n'est pas important, ce qui est important c'est sa fréquence. Ce n'est pas votre action qui crée la différence, mais c'est votre fréquence qui la crée. Votre action ne fait pas la différence, mais c'est votre sentiment qui la fait.

La clé de la création de vos désirs dépend de trouver un moyen pour tourner vos pensées vers un meilleur sentiment. Même si vous n'êtes pas heureux dans votre situation actuelle, vous devez demander de vous aider par le pouvoir de votre autorité. Au lieu de faire contrairement, vous vous concentrez sur vos pensées qui sont selon vos désirs et ce que vous êtes vraiment.

Rappelez-vous que vous n'êtes pas obligé de faire tout, seulement vous devez trouver une idée qui vous fait heureux.

Tout dépend de la coordination de la fréquence. Ne cherchez pas les résultats physiques mesurables. Mais

Les Lois Cosmiques 107

cherchez l'amélioration de votre moral, technique de penser et vos sentiments. Lorsque vos sentiments sont bons, signifie que vous êtes plus en harmonie. Dans cette situation, les autres des cas viennent automatiquement, c'est la loi.

Mais en regardant votre environ, vous trouvez les beaucoup de choses que vous ne pouvez les contrôler. Donc si vous vous apprenez la façon de concentrer vos pensées d'une manière qui soit en harmonie avec la fréquence de votre nature, alors vous pouvez harmoniser avec vous-même. Vous ressentirez bien pour cette coordination et enverrez une fréquence forte que la loi de l'attraction la répond. Les buts des autres ne sont pas important. Même s'ils ont l'intention de vous, ne peuvent pas convaincre le processus puissant de la coordination qui vous avez reçu, et vous restez toujours dans cette situation et vous expérimenterez quelque chose qui es bien dans votre point de vu.

Pour aider votre ami, il faut voir ses aspects positifs, et pour les voir, vous devez être en harmonie avec votre vraie nature.

Si vous utilisez ce sentiment pour un temps afin d'évaluer votre direction et essayez toujours pour avoir la coordination avec vos pensées tranquilles, vous régulariserez immédiatement votre fréquence afin d'être en harmonie avec vos désirs. Puis, vous trouverez peu à peu le sens de sécurité et votre image financière véritable reflétera petit à petit les changements de la fréquence.

Dans l'avenir proche, le temps que l'argent abondamment qui coulent vers vous facilement, viendra qui sera pour vous ridicule, car vous le gardez longtemps loin de vous.

Comprenez cette réalité que vous empêcherez la coordination de votre fréquence avec votre nature tant que

vous ne les aimez pas, car votre être les aime si vous voulez ou non.
Les gens pensent souvent que si leur marie changeait, ils se sentaient mieux. Mais c'est un processus contraire. Lorsque vous dites: ((Si vous changez votre comportement, je me sentirai mieux.)), en effet vous dites: ((Mon joie dépend de vous changer votre comportement. Donc je ne suis pas fort.))
Si vous essayez de rendre les autres heureux, sans doute ils seront plus tristes, car au lieu d'être en harmonie avec leur intérieure, ils deviennent dépendants des comportements les autres qui ne peuvent pas les contrôler. Vous voulez que votre mari soit heureux et vous comprenez qu'il est triste à cause d'un sujet. Faites tout ce que vous pouvez pour la rendre heureux. C'est pourquoi in oublie pour un temps son incohérence et il va mieux. Votre marie aime ce sens amélioré et maintenant vous êtes responsable de le rendre mieux. Alors son sentiment dépend de votre comportement. Et il abandonne son autorité; c'est pourquoi il sent moins de joie. Donc essayez plus de le rendre heureux, lais il sera plus triste, car vous avez utilisé cette supposition faut qu'il faut rendre heureux une autre personne. Vous passez le temps heureux, vous connaissez vos devoirs, vous êtes heureux, vous avez un bon sens et vous envoyez un signal de fréquence fort du bonheur à cause de votre coordination avec les soues vastes, et que votre marie veut être bien et la fréquence que vous envoyez est à propos d'elle-même, donc elle affecte également sa fréquence pour être en harmonie avec vous-même. Autrement dit, vous avez pu diriger votre marie vers vos désirs par votre égoïsme.
Donc, la seule chose que vous pouvez faire c'est aimer les autres tellement qu'ils deviennent en harmonie avec leur-même c'est la seule façon de les rend heureux.

Les Lois Cosmiques 109

Attachez à l'équilibre de votre fréquence et laissez la loi de l'attraction pour faire les autres travails.

Maintenant, ces pensées sont complètement dans le chemin du processus et vous êtes bien.

Quand vous connaissez votre compte de dépôt de fréquence et le système de guidage émotionnel qui montre la direction de vos pensées actuelles par la conscience de la façon de création, les comportements des autres ne vous empêcheront pas. Lorsqu'une personne vous quitte, vous comprenez que seulement une personne a quitté votre vie et ce n'est pas la fin de vos rêves, de création et de la vie, mais c'est une autre expérience pour comprendre clairement ce que vous voulez et ce que vous ne voulez pas. Maintenant une autre occasion se produit pour vous pour créer un dépôt de fréquence plus agréable.

Votre entreprise est créée par vos pensées et non par vos actions.

Aucun chose ne peut pas vous apporter le pire comme se concentrer sur les comportements mauvais, et ne peut pas vous apporter le meilleur comme se concentrer sur les bons comportements.

Chaque fois que vous avez connu un problème, vous l'ai vu comme une question et vous avez trouvé immédiatement sa réponse et vous profitez du processus de développement. Autrement dit; vous n'êtes pas captivé par les détails, mais l'énergie de votre incohérente vous entoure.

Si vous pouvez faire attention à cette énergie et garder votre relation avec des rêves croissants que vous les avez pour votre entreprise, vous absorberez plus de gens talentueuses pour faire les détails que vous voulez les faire.

Vous aimez beaucoup emménager dans une nouvelle maison dans un autre quartier, mais votre marie dit qui veut rester dans cette maison. Si vous pensez seulement à

la nouvelle maison, vos pensées seront petit à petit en harmonie avec la fréquence de cette nouvelle maison et la situation changera pour que vous réaliserez votre désir. Mais si vous pensez à la décision de votre marie et sa décision occupe pour un temps votre esprit et expliquez votre raison pour avoir cette nouvelle maison et vous êtes triste pour que votre marie ne veut pas même penser à cette maison, donc vos pensées quotidiennes ne seront pas en harmonie avec la fréquence de vos désirs. Vous augmenterez la combinaison de votre fréquence par penser aux pensées opposées de votre marie et maintenant vous n'allez pas vers votre résultat préférable.
Si vous comprenez que vous n'avez pas besoin d'être en accorde avec quelqu'un d'autre, cela vous fait libérer.
Si vous essayez de la corriger, peut-être vous concentrerez sur les aspects indésirables qui entrent dans votre fréquence et seront les sources du processus de votre création et vous serez colère sur votre marie à cause de ne pas réaliser vos désirs avec le passage du temps.
La plupart des gens expliquent que leur peur était complètement normale. Ils parlent à propos des mauvais événements de leur vie et ses amis. Mais la raison pour les beaucoup de gens qui expérimentent constamment ces événements dans leur vie, c'est que ces gens font beaucoup d'attention au premier événement qui se produit dans leur vie, c'est pourquoi le deuxième événement vient automatiquement et ces événements continueront.
Vous verrez ce que vous croyez vraiment. Par exemple: si vous croyez fermement la pauvreté et vous la pensez constamment et la considérez comme le centre de votre conversation, la réponse de la pauvreté ne sera pas "Non" à vous et vous expérimenterez les beaucoup de lacunes dans votre vie. En revanche, si vous croyez l'abondance des bénédictions et de la joie et seulement vous les pensez,

parlez à propose d'eux avec les autres et vous agissez selon ces croyances, la richesse, la joie et la santé vous viendra et vous verrez surement ce que vous croyez.

Vous êtes une âme avec un corps, pas un corps avec une âme. En d'autres termes, vous n'êtes pas matériel pour avoir les expériences spirituelles et divins, mais vous êtes une créature divine qui a des expériences matérielles.

99% de votre être réelle et unique n'est pas visible, sent et tangible. En effet, la majeure partie de votre vie est au-delà de ce corps. On l'appelle cette partie le sentiment, la pensée ou la conscience qui n'est pas vraiment un corps.

La résistance

Pourquoi c'est possible que vous résistez à ce principe d'existence? Résister pour créer la sécurité est une imagination futile. Lorsque vous imaginez que votre être, c'est les mêmes particularités matérielles, même vous n'aurez besoin d'analyser votre grandeur et les dangers avec les changements. Réfléchissez pour un moment. Tous les obstacles de votre joie sont concentrés sur vos caractéristiques matérielles et physiques. Si vous croyez que votre existence est plus qu'une poignée de peau, d'os, de sang et les organes du corps, et l'intelligence infini et osmique contrôle votre corps, vous entrerez dans le domaine de la régénération et vous communiquerez avec le reste de ces processus.

A partir d'aujourd'hui, essayez de ne pas utiliser des titres matériels pour vous identifier. Il y a des années que je ne me présente pas avec mes titres professionnels. Lorsque les autres me posent mon emploi, généralement je les réponds: mon travail, c'est trouver les joies. Bien que cette réponse est apparemment un bafouillage, mais il y a des secrets-là. Il est possible que je fais tout, car je suis tout. Vous n'êtes pas un être humain avec une âme, mais vous êtes une âme avec une expérience humaine.

Penser est plus que faire. En effet, notre être sont influencées par la pensée. La pensée entoure tout notre existence, sauf notre forme physique qui dirige notre esprit vers différentes directions. Vous devez imaginer la pensée comme ce qui est dans votre intérieur et l'extérieur de votre corps.

La qualité de votre vie est définie par la pensée que vous la choisissez pour créer votre monde selon ça, pas par les choses qui sont dans le monde.

Si vos pensées sont correctement choisies et intériorisées, finalement elles apparaîtront comme une réalité dans le monde matériel et se manifesteront par différentes manières. Nous réfléchissons par des images et ces images deviennent nos réalités internes. C'est pourquoi en plus de connaître la cause et le comment du processus d'illustration et entrer dans ce chemin, nous absorberont des conditions inattendues.

Votre situation actuelle montre quelles images vous avez laissé d'entrer dans votre esprit. L'apparence, la santé, la nutrition, la richesse, les relations et tout autre chose qui a besoin de votre action, comme les images que vous dessinez sur l'écran de votre esprit, sont affectés.

Toutes les images que vous choisissez sont stockées dans l'esprit et vous agissez chaque jour selon les guidages de cette image et ces pensées.

Vous ne pouvez pas vraiment expérimenter un sentiment sans l'utilisation de la pensée. Vos pensées dépendent de vos sentiments et ces derniers viennent de vos pensées... physiquement, nous et ce qui est en nous sont constitués par d'énergie. L'énergie est émise avec des différentes

Les Lois Cosmiques 113

vitesses et comprend des différentes qualités, donc même chaque chose peut sembler solide et immobile, mais c'est en mouvement sur son vrai niveau.

Un simple examen par microscope montre qu'un objet solide qui semble immobile et stable est en réalité vivant par des molécules qui est en mouvement avec une vitesse moins que la vitesse de la lumière.

Croyez que l'échec n'existe pas. N'oubliez pas ce point que ces résultats que vous voyez, viennent des images de l'esprit. Vous n'échouez jamais, mais vous voyez seulement des conséquences. Vous n'échouerez pas lorsque vous essayez de lancer le ballon de football quelques mètres en avance, vous le lancez faux à droit, mais vous voyez un résultat.

Lorsque vous pouviez voir en réalité ce que vous avez vu dans le rêve à l'aide du pouvoir de la pensée, vous serez unis à l'éternité et à l'infini comme les divins prophètes et vous communiquerez avec ce qui est au-delà de l'espace et du temps. Donc, vous libérerez de ce qui se passe dans le temps et l'espace.

Blâmer les événements et les autres dans le monde matériel, est une excuse convenable pour ne pas réaliser nos rêves. Nous blâmons le monde pour notre maladie, nous considérons le marché boursier comme le responsable de notre situation financière, nous blâmons la confiserie pour notre obésité.

Nous considérons notre responsabilité comme le résultat le comportement inapproprié de nos parents. Alors qu'on ne peut pas justifier la raison des échecs dans le domaine de la pensée, nous sommes responsables de tout. Notre situation financière, la santé et les autres aspects de notre vie viennent de notre pensée, mais si nous croyons que la pensée est curative et peut apporter la joie et du bonheur dans notre vie et créer la différence dans la vie des autres, elle montrera les aspects les plus positives de votre être en pénétrant dans la profondeur de vous.

En plus que nous devons faire attention au monde intérieur et le domaine de la pensée, nous déménagerons la partie la plus responsable de notre être. Maintenant, regardez à votre intérieure et voyez comment vous vous sentirez après l'acception plus de responsabilités.

Réfléchissez à la façon d'améliorer les capacités de Dieu dans le monde matériel. Vous améliorerez votre pouvoir à jouer du piano par pratiquer deux heures par jour. Frapper plusieurs balles de tennis par jour améliorera votre pouvoir dans le domaine du tennis. Mais dans le monde sans forme et matériel, les imaginations de l'esprit sont le seul outil pour pratiquer.

Chaque nuit avant de mourir, pensez aux images de vos rêves et pratiquez mental par cette façon. Si vous voulez être en forme, imaginez dans votre esprit le bon corps que vous aimez. Laissez votre esprit soit plein de ces images. Concentrez plusieurs fois chaque jour sur ces rêves et ces images et les donnez beaucoup d'énergies pour se manifester comme une réalité objective à l'extérieur.

Au lieu de mettre vos pensées comme le centre de votre attention, pratiquez chaque jour sur vos pensées. La valeur du travail et l'utilisation du temps et de l'énergie dans intérieur est cent fois plus précieuse que dans l'extérieur. En effet, c'est votre pensée qui crée vos sentiments et finalement fait vos travaux.

Si la pensée de la pauvreté nous entoure, nous analyserons tous les aspects de notre vie selon la pauvreté. Si nous somme au milieu de la pauvreté, nous utiliserons toute notre énergie pour tout ce que nous n'avons pas et nous continuerons cette façon de vivre pour toujours.

La situation de vie de la plupart des gens est selon cette imagination: ((Je n'ai assez d'argent)), ((Comment je peux

Les Lois Cosmiques

croire l'abondance des bénédictions quand je ne peux pas préparer les vêtements de mes enfants?)) ou ((Si... j'avais, j'étais très heureux)). Ces gens toujours décrivent la vie selon de la pauvreté, c'est pourquoi ils ne recevront que la pauvreté.

Ce qui est nécessaire pour éliminer cette situation défavorable est déjà chez nous. L'abondance des bénédictions viendront chez nous par plusieurs façons, si nous insistons sur ce point que nous sommes une partie de ce monde infini et que la richesse et l'abondance dans tous les espaces, est notre droit naturel. La première étape pour libérer de pensée de la pauvreté, c'est remercier pour ce qui est nous et avoir. Le remerciement doit être exprimé explicitement. Remerciez sincèrement votre existence qui est l'un des miracles du système de création.

Remerciez Dieu pour que vous êtes en vie, pour que vous avez les yeux, les oreilles et les pieds et maintenant vous voyez un rêve incroyable. Essayez de vous concentrer ce que vous les avez, pas ce que vous ne l'avez pas. Ecrivez les noms et les caractéristiques des choses pour lesquelles vous remerciez: les amis et les membres de la famille, les vêtements et le repas, chaque argent qui est pour vous, ce que vous possédez, ce que vous avez besoin pour passer votre vie. Tout: comme réfrigérateur, tapis, stylo et tout autre chose. Mettez votre gratitude le centre de votre attention sur ce que vous avez, et avant de remercier pour ces bénédictions, les réfléchissez comme les choses qui sont pour vous temporairement.

Lorsque vous apprenez à remercier pour chaque personne et tout chose qui est dans votre vie et également pour tous les aspects de l'humanité, vous êtes sur le chemin d'éliminer de la pensée de la pauvreté.

Si vous concentrez votre esprit sur chaque problème, le même problème se développera dans votre vie et se manifestera de différentes manières. Per exemple: si vous avez la lette en même temps que vous avez une bonne richesse, et vous concentrez tout votre esprit sur votre richesse, soyez sûr que votre richesse augmentera bientôt. Si vous concentrez votre esprit sur la maladie et en parlez toujours et que vous vous plaignez chez tout le monde de votre sentiment de flaccidité, votre énergie sera dirigée vers le développement de la maladie, mais si vous concentrez votre esprit sur la santé de votre être, et parlez à propos de la joie et du bonheur avec les autres, la santé développera dans votre champ intérieur et donnera au bon moment son résultat.

Nous agissons selon nos pensées et ces pensées deviennent nos expériences quotidiennes de notre vie. C'est pourquoi si vous concentrez la majeure partie de la force de votre esprit sur vos manques, votre conscience sera plein de la pauvreté et augmentera sûrement cette situation dans votre vie.

Si vous sentez le manque de quelque chose dans votre vie, car votre esprit est concentré sur le manque, ces types des pensées créent un espace vide dans votre vie. Maintenant si vous changez complètement vos tendances et vos attentes dans la vie, mettez la perfection comme le centre et croyez que vous ne pouvez rien posséder, votre vie augmentera vers l'épanouissement. Cela ne signifie que vous ne pouvez pas profiter de votre richesse que vous avez l'accumulez jusqu'à maintenant ou des privilèges de votre altitude, mais cela signifie que la forme et l'être de rien, même moi et vous, ne sera pas durable et stable.

Comment vous analysez votre compétence? Si vous pensez que votre capacité est peu, donc vous avez la même capacité. La croyance de la pauvreté crée la pauvreté et prépare les conditions pour dominer dans votre vie.

Les Lois Cosmiques 117

Cette règle est aussi pour le principe d'abondance. Pour recevoir l'abondance, il faut en profiter. Faire ce que vous aimez dans la vie, c'est la fondation de l'abondance dans votre vie. Vous pouvez avoir la satisfaction et le bonheur, lorsque vous êtes honnête avec vous-même.

L'honnêteté signifie que votre sentiment intérieur et extérieur soit en équilibre. Si vous détestez votre travail ou vous êtes indifférent, vos pertes seront inévitables selon le surnaturel, car le comportement de votre corps n'est pas en harmonie avec votre intelligence et votre sagesse.

Les idées opposées peuvent être expérimentées comme les mots et les paroles positifs et faire de vous un partisan. Si vous transformez votre parole amère en bonnes paroles et douces, vous concentrerez votre esprit sur la force potentielle et vous changerez les situations vers la positivité. Si vous faites ce processus correctement, vous comprendrez bientôt que ce qui est dans le centre de votre attention, augmentera. Nous avons appris à penser à la pauvreté, et à considérer ce que nous avons et ce que nous n'avons pas comme le standard pour déterminer les vérités. Sans doutes, le nombre de ce que nous n'avons pas est plus de ce que nous avons. Nous n'avons pas appris que ce monde est plein de bénédiction pour nous.

Le sentiment de la pauvreté dirige les gens à plus essayer de plus compenser et les oblige d'essayer dur, donc il faut être inquiet pour de ne pas réaliser leur rêve. Alors concentrez seulement sur ce que vous avez.

Utilisez chaque occasion pour remercier de ce que vous avez. Donc n'oubliez de remercier même si vous demandez une bonne richesse, vous n'êtes pas satisfait de vos comportements. Remercier neutralise la cupidité et dirige les pensées vers concentrer sur l'abondance. Lorsque nous remercions pour avoir les bénédictions, la fantomatique de l'univers devient plus généreuse et nous

Les Lois Cpsmiques

donnera plus de bénédictions. Egalement, j'ai compris cette grande découverte que plus nous surmontons la cupidité, plus de bénédictions viendront vers nous.
Lorsque vous recevrez une bonne chose dans la vie, rappelez-vous: ((Je le mérite)). L'abondance c'est le résultat de votre sentiment. Vous contrôlerez votre récompense, si vous ressentez que vous êtes une personne si importante que vous pouvez résoudre les problèmes des autres et que vous êtes devenu si divin pour que vous êtes méritez de la récompense. Au contraire, si vous pensez par cœur que vous ne méritez pas vous-même et vous ne faites pas attention à vos capacités, signifie que vous avez ouvert le champ de votre esprit sur la pauvreté.
Utilisez toujours les paroles affirmatives. Utilisez chaque manière pour absorber l'abondance. Les places les plus convenables pour installer et coller ces paroles sont: les murs, les miroirs, le réfrigérateur et les voitures. Une parole affirmative peut vous aider de réaliser vos désirs, également vous aide d'avoir un comportement honnêtement devant vos pensées. Il est nécessaire d'expliciter des paroles affirmatives.
Vous êtes également un ensemble de l'énergie que vous suivent complètement le chemin de la rivière dans les systèmes de plus en plus grands. Si vous n'intervenez pas dans le travail et les responsabilités qui ont produit pour vous, vous pouvez faire ce qui a été planifié pour vous. Vous n'obligez pas essayer de faire ce que vous pensez être votre devoir.
N'oubliez pas que chaque attachement sur que les travails doivent être faites comme ça, est un type d'intervention dans le fonctionnement du système plus grand. Vous recevrez le plus bonheur et la joie, si vous pouvez vous libérer de l'attachement. Même les choses que vous avez essayé plus de les recevoir et son résultat était plus de

Les Lois Cosmiques 119

cupidité, maintenant autant que le principe de libération de l'attachement et l'abondance sans essayer dur pour les bénédictions des choses que vous n'avez pas les besoins, vous mettez l'énergie céleste dans votre être. Ensuite, les miracles se produiront l'un après l'autre et vous rappellent ce que vous donnez plus, plus vous serez loué. Donc, l'action de ce système est complète et intelligente, si vous n'y interférez pas.

Lorsque vous allumé une lumière par la clé sur le mur, vous ne pouvez pas voir la relation entre la clé et le chambre qui est éclairée comme le jour. Mais vous êtes sûr qu'il y a une relation. Vous savez que les facteurs de connexion sont cachés à l'intérieur du mur. Donc nous n'obligeons pas les voir, seulement nous devons croire qu'il y a cette relation, même si elle est cachée.

Donc, la positivité, c'est la condition principale du principe d'attachement. Chaque action positive crée une autre action positive. Ce processus n'est pas à propos de la loi de cause à effet, mais c'est continuité de l'énergie dans tous les objets du monde. Vous pouvez voir par votre esprit comme la source de la pensée qui est la source de l'énergie et le centre de la vie, les différences infinies entre ces phrases: ((exister)), ((créer)) et ((immobiliser)).

Vous pouvez profiter chaque jour de cette vérité alarmant dans votre vie. Lorsque vous prenez conscience de cette vérité que ce qui se produit pour vous, chaque chose que vous ressentez ou vous les pensez est une partie de la continuité l'univers, vous vous libéré votre vie. Vous commencez à voir que toutes les parties de votre vie comme les pièces de puzzle sont interconnectées et complètes. Vous pouvez vous placer dans votre corps ou dans au-delà de votre corps pour voyer vos travaux, vous pouvez éloigner de tout ce qui vous oblige d'être violent et soyez gentil avec les autres; étai, est et sera parfait et complet. Quitter de juger les autres et agissez dans la paix et la tranquillité.

Cette point de vu que chaque chose se passera comme est destiné, chaque action n'est pas accidentelle, notre situation actuelle est telle qu'elle devrait être, diminuera votre stress et résoudra votre besoin pour juger chaque chose. Maintenant, éloignez-vous de votre corps dans le monde d'imagination et voyez la gloire d'être une partie d'un exemple parfait et complet.

Ne changez chaque événement malheureux fébrilement et inconvenable, mais voyez ce que dans l'intérieur de cet événement. Lorsque vous comprenez que vous êtes le créateur de vos propres destinées dans ce monde interconnecté, vous ne blâmerez rien et personne pour votre situation inorganisée. Vous changerez votre point de vue sur ((la chance)), bien que ce que vous donnez au monde, vous les recevrez les mêmes par une énergie complète et la voie rotatoire.

Oubliez les soucis!

Qu'est-ce la raison de votre inquiétude dans ce monde complet et interconnecté? l'inquiétude pour les choses qui vois ne pouvez pas les contrôles, c'est irrationnel, car votre inquiétude ne change rien. L'inquiétude même pour les choses qui sont sous votre contrôle, n'a aucun sens, car vous pouvez changer cette situation.

N'oubliez pas que ((le monde est sous votre contrôle. Dieu a insufflé de son âme en vous)). Vous pouvez mettre la combinaison comme le centre au lieu de faire attention de l'analyse et libérez votre esprit de la dominance di violence et le dirigez vers coordination. Combiner, c'tes mélanger tout pour voir la coordination de cette assemblage. Vous pouvez évaluer par la combinaison, votre coordination et les autres aux principes de l'univers.

Les Lois Cosmiques 121

Vous devez évaluer votre capacité à pardonner, si vous voulez aller vers la conscience supérieure. La plupart de nous, nous ne sont pas prêts pour pardonner, c'est pourquoi nous allons vers le blâme, la critique et la méchanceté et nous devenons capable pour blâmer des autres à cause des échecs de notre vie. Notre but à propos de pardonner, c'est le pardon 100%.

Si vous voulez vous libérer du dommage de blâmer les autres, vous devez être complètement honnête avec vous-même, c'est pourquoi vous devez vous considérer responsable avent tous les aspects de votre vie, avant de faire chaque chose et vous dire: ((ma situation actuelle c'est le résultat toutes mes décisions jusqu'à maintenant)). Votre éducation et votre culture, peut-être considère l'acception d'un processus difficile. Probablement, vous dotes: ((je ne peux rien faire)), ((ma situation est inconvenable en terme du temps et du lieu)) ou ((j'avais la mauvaise situation)), ((la raison de ma misère, c'est la condition de ma famille)) ou chaque autre excuse pour considérer ingénu.

C'est le temps d'abandonner tous ces prétextes et voyez la vie par une nouvelle perspective. Donc tout ce qui vous est arrivé est une expérience que vous devez remercier. Considérez chaque personne qui entre dans votre vie sans faire attention à la quantité de leur culpabilité et votre haine. Ne considérez votre relation avec quelqu'un comme une chance. L'univers est complet et parfait avec toutes ces composants, telles que les particules microscopiques dans les atomes de votre corps et le corps des gens que vous les considérez pécheresse.

Quitter de juger les autres gens, en effet c'est de se juger soi-même. Votre besoin pour analyser la situation des autres, pas les gens qui vous présentent. En plus que le comportement des autres est désagréable pour vous, si vous les traitez avec gentillesse, vous vous traiterez avec gentillesse. En revanche, si vous devenez confus devant le comportement des autres, vous comprendrez que vous devez essayer de vous pardonner. Même si la plupart des gens ne font pas attention à vos valeurs et vos croyances, vous aiderez les autres s'ils vous demandent et éviterez des juger et vois ne serez pas influencé par les autres par votre volonté en suivant cette voie. N'oubliez pas que vous serez la même que vous la penser. Commencez à créer votre nouveau monde par vos pensées et demandez à Dieu de vous montrer le chemin. Consultez Dieu à chaque moment au lieu des pensées négatives.

Il y a le monde et les autres possibilités que vous ne pouvez pas les voir. Vous devez commencer la réalité différente! Vous devez construire votre vie à nouveau. Parce que ce que vous dites, bon ou mauvais, le monde vous assure que vous l'avez reçu.

Si vous vous dites constamment que vous êtes une victime de la vie et la répétez plusieurs fois. Les images se trouvent dans votre vie. Si vous expliquez que vous n'êtes pas intelligent que les autres hommes, ou vous n'êtes pas attirant comme les autres, vous avez raison car le monde vous les montre. Anthony Jay Robbins dit dans son livre, les questions quantiques: ((Changez vos questions pour améliorer votre vie)).

Une façon de poser des questions, c'est poser des questions positives.

Posez des questions que leurs réponses vous feront mieux, comme: qu'est-ce que j'aime? combien j'aime les bonnes personnes? qu'est-ce qu'il y a d'autre chose que j'aime? qu'est-ce que je peux voir qui me rend vraiment heureux? qu'est-ce que je peux voir qui me rend exalté? qu'est-ce que je peux voir que je les attends dans mon esprit? de quoi je dois remercier? qu'est-ce que j'aime entende? Lorsque

Les Lois Cosmiques

vous posez ces questions mentales, votre esprit doit les répondre immédiatement. Dès que votre esprit est occupé de répondre de ces questions, abandonnez très vite les autres pensées.

Si vous ne pouvez pas contrôler votre esprit, parfois il sort de la route comme une voiture de frein cassé. Vous êtes le conducteur de votre esprit, donc le contrôlez et gardez-le occupé selon des commandes comme où il doit aller... Si vous ne donnez pas l'ordre à votre esprit, il vous jettera comme un cheval rebelle.

Pourquoi nous ne pouvons pas réaliser nos désirs ?

- est-ce que vous vous posez constamment ces questions ?
- pourquoi je ne peux pas réaliser mes rêves ?
- pourquoi je n'ai pas de chance ?
- pourquoi je suis né dans une famille pauvre ?
- •pourquoi Dieu ne m'aide pas ?
- pourquoi Dieu n'entend pas mes prières ?
- pourquoi les certains des gens sont riches facilement ?
- pourquoi l'argent me fuit ?
- pourquoi toutes mes relations ne réussissent pas ?

Où je peux trouver le bonheur ?

Et les milles autres questions que probablement vous avez. Ce que vous devez savoir, c'est qu'il y a les lois stables dans le monde et Dieu les appelle dans le Coran, la tradition divine ; et dit que vous ne pouvez pas trouver aucun changement dans cette tradition.

إِنَّ اللّهَ لاَ يُغَيِّرُ مَا بِقَوْمٍ حَتَّى يُغَيِّرُواْ مَا بِأَنْفُسِهِمْ

Allah ne change pas la destinée d'un peuple, tant que ces gens changent ce qui est en eux-mêmes.

سُنَّةَ اللَّهِ الَّتِى قَدْ خَلَتْ مِن قَبْلُ وَلَن تَجِدَ لِسُنَّةِ اللَّهِ تَبْدِيلًا

C'est la tradition de Dieu qui était auparavant, et vous ne trouverez aucun changement à ces règles.

سُنَّةَ اللَّهِ فِى الَّذِينَ خَلَوْا مِن قَبْلُ وَلَن تَجِدَ لِسُنَّةِ اللَّهِ تَبْدِيلًا

Cette loi est pour les gens qui ont vécu auparavant, donc vous ne trouverez aucun changement à ces règles.

سُنَّةَ مَن قَدْ أَرْسَلْنَا قَبْلَكَ مِن رُّسُلِنَا وَلاَ تَجِدُ لِسُنَّتِنَا تَحْوِيلاً

Cette loi appliquée à les prophètes que nous avons envoyé avant toi et vous ne trouveront aucun changement.

Maintenant on a une question qu'où est le changement vérité et qu'est-ce que notre point de vue à ce changement? Le premier changement, c'est douter de toute connaissance, et vous devez savoir qu'il n'y a aucune réalité unique dans le monde. Le monde c'est le résultat de tes pensées et il montre à chacun une réalité différente. Donc la vie de chacun est pour soi et peut la construire à nouveau comme il aime. Si vous comprenez ça, vous ne comparerez jamais à quelqu'un d'autre.

Est-ce que tu peux à quel point tu es puissant? tu sais que Dieu tu a soumis les cieux et la terre et tous sont sous ton contrôle. Est-ce que tu peux à quel point tu es précieux et unique?

Dieu répétait ce verset plusieurs fois dans le Coran.

أَلَمْ تَرَ أَنَّ اللَّهَ سَخَّرَ لَكُم مَّا فِى الْأَرْضِ وَالْفُلْكَ تَجْرِى فِى الْبَحْرِ بِأَمْرِهِ وَيُمْسِكُ السَّمَاءَ أَن تَقَعَ عَلَى الْأَرْضِ إِلَّا بِإِذْنِهِ إِنَّ اللَّهَ بِالنَّاسِ لَرَؤُوفٌ رَّحِيمٌ

Est-ce que tu n'as pas vu qu'Allah vous a soumis ce qui est sur terre, alors que les vaisseaux qui voguent dans les mers selon l'ordre de Dieu? Dieu retient le ciel pour ne pas tomber sur la terre, sauf par son ordre. En effet, Dieu est si miséricorde avec les hommes.

Les Lois Cosmiques

أَلَمْ تَرَوْا أَنَّ اللَّهَ سَخَّرَ لَكُم مَّا فِى السَّمَاوَاتِ وَمَا فِى الْأَرْضِ وَأَسْبَغَ عَلَيْكُمْ نِعَمَهُ ظَاهِرَةً وَبَاطِنَةً وَمِنَ النَّاسِ مَن يُجَادِلُ فِى اللَّهِ بِغَيْرِ عِلْمٍ وَلَا هُدًى وَلَا كِتَابٍ مُّنِيرٍ

Est-ce que vous n'avez pas su qu'Allah a vous soumis ce qui est dans le ciel et sur la terre et Il vous a complété ses bénédictions visibles et caché; et il y a des gens qui disputent à propos d'Allah sans aucune science, guidage et avoir un Livre éclairant.

يَا أَيُّهَا الَّذِينَ آمَنُوا إِذَا نَاجَيْتُمُ الرَّسُولَ فَقَدِّمُوا بَيْنَ يَدَيْ نَجْوَاكُمْ صَدَقَةً ذَلِكَ خَيْرٌ لَّكُمْ وَأَطْهَرُ فَإِن لَّمْ تَجِدُوا فَإِنَّ اللَّهَ غَفُورٌ رَّحِيمٌ أَأَشْفَقْتُمْ أَن تُقَدِّمُوا بَيْنَ يَدَيْ نَجْوَاكُمْ صَدَقَاتٍ فَإِذْ لَمْ تَفْعَلُوا وَتَابَ اللَّهُ عَلَيْكُمْ فَأَقِيمُوا الصَّلَاةَ وَآتُوا الزَّكَاةَ وَأَطِيعُوا اللَّهَ وَرَسُولَهُ وَاللَّهُ خَبِيرٌ بِمَا تَعْمَلُونَ

C'est Dieu qui vous a soumis les mers pour que les vaisseaux soient y voguer par son ordre, et que vous le demandez de l'abondance des bénédictions pour que vous le remercier et Allah vous a soumis ce qui est dans les cieux et sur la terre, nous venons tous à Dieu, et il y en a des signes pour les gens qui pensent.

وَسَخَّرَ لَكُمُ الشَّمْسَ وَالْقَمَرَ دَائِبَيْنِ وَسَخَّرَ لَكُمُ اللَّيْلَ وَالنَّهَارَ

Il vous a assujetti le ciel et la lune qui sont toujours en mouvement. Egalement Il vous a assujetti la nuit et le jour.

وَسَخَّرَ لَكُمُ اللَّيْلَ وَالنَّهَارَ وَالشَّمْسَ وَالْقَمَرَ وَالنُّجُومُ مُسَخَّرَاتٌ بِأَمْرِهِ إِنَّ فِى ذَلِكَ لَآيَاتٍ لِّقَوْمٍ يَعْقِلُونَ

Il vous a soumis la nuit et le jour et aussi le soleil et la lune, et les étoiles ont été soumis par son ordre. Certainement il y en a des signes pour les gens qui pensent; et tu dois savoir que tu et suppléant de ton Seigneur.

Le signe et l'inspiration

Est-ce que tu sais comment Dieu tu parles? Est-ce que tu priais toujours et disais Dieu pourquoi tu ne me réponds pas? Tu étais triste, parfois ton cœur se brisait et tu pleurais. Parfois tu t'énervais et tu ne Lui parlais pas pendant quelques jours.
Mais Dieu parle avec ses créatures. Il vous parle avec les signes et les inspirations. Dieu jurait dans le Coran 7 fois à ses grands signes et il nous parle à propos des intuitions.
1. Par le soleil et par sa clarté.
2. Par la lune quand elle suit le soleil.
3. Par le jour quand il éclair la terre.
4. Par la nuit quand elle l'enveloppe.
5. Par le ciel et Celui qui l'a construit.
6. Par la terre et Celui qui l'a étendu.
7. Par l'âme et Celui qui l'a harmonieusement façonnée.

Dieu jure tellement pour dire qu'Il inspire chaque moment le bien et le mal de chacun pour lui-même.
Tes sentiments reçoivent ces inspirations. Seulement c'est votre sens qui peut comprendre cette inspiration. Si tu apprends à suivre les émotions, tu ne tromperas jamais, et Dieu te guide. Tous vos efforts dans la vie doivent être de prendre bien soin de vos émotions. Ecoutez beaucoup de musiques joyeuses, dansez plus. Dieu dit dans le Coran: soyez heureux par ma grâce et ma miséricorde, car cela est meilleur que tout ce que vous avez rassemblé.
C'est la joie et l'espérance qui vous guide. Le monde n'aime pas les gens déprimées. Si vous connaissez les règles de ce monde, vos travaux augmenteront immédiatement et vous n'aurez aucun stress. Pour réaliser vos rêves, seulement vous devez vous croire. Lisez

Les Lois Cosmiques

plusieurs fois les lois pour pénétrer dans la profondeur de votre âme pour les profiter.

La loi de la croyance

La loi la plus principe que vous devez comprendre et pratiquer, c'est votre croyance car elles changent votre vie immédiatement.

Qu'est-ce que la croyance? tout ce que nous voyons, répétons et expérimentons beaucoup deviendra une croyance et tout ce que nous croyons, créeront votre vie.

C'est le point important que tout ce que vous croyez arrivera. En effet, la croyance est tellement forte qu'elle absorbe toutes les pensées similaires et vous serez sûr que c'est la vérité de tous les hommes. Chaque seconde, 7 000 nerfs à propos de la pensée traversent l'esprit, et nous faisons attention seulement aux pensées que nous les croyons.

Les croyances sont si puissantes. Anthony Robbins dit: les hommes sont comme la machine pour prouver ses croyances; c'est-à-dire vous faites des travaux à l'extérieur que vous les croyiez déjà. Certaines croyances nous déprimer. Par exemple, ce n'est pas la raison pour que nous ne pouvons pas faire ce que nous avons le fait plusieurs fois et échoué. Mais la plupart des gens font cette erreur.

Qu'est-ce que la croyance? C'est une pensée qui a été répétée plusieurs fois. Les croyances limitent l'homme. Les croyances ont été faites dans les premières années de la vie. Ce que vous apprenez par vos parents, la société et l'école, devient une croyance et est stocké dans votre inconscient et contrôle votre vie comme un programme enregistré.

C'est le temps de cette question: Qu'est-ce qu'on doit faire? Notre subconscient qui fait son travail. C'est le remède, que commencez consciemment à penser positivement et à vider votre esprit des pensées précédentes. Si vous cultivez à nouveau cette subconscient, vous n'aurez pas besoin de travailler beaucoup, car votre subconscient travaillera pour vous.

Bill Gates dit: les pensées positives peuvent facilement recevoir de l'argent. Si vous essayez plus pour entraîner votre esprit, vous essayerez moins pour gagner de l'argent. Dr.Wayne Dyer dit: croyez pour voir. Mais la plupart des gens font le contraire, signifie que tout d'abord ils doivent voir pour les croire.

Si vous soyez obligé de choisir entre optimisme et réalisme, choisissez l'optimisme pour entraîner votre esprit. En effet, les hommes réalistes sont pessimistes. Ce sont les caractéristiques des gens réalistes: penser que les problèmes sont éternels, penser que les problèmes sont si difficiles, les considérer comme personnels et ces gens sont détruits avec un petit problème.

Vous devez constamment contrôler votre subconscient et vos penser… Lorsque vous comprenez que vous pensez négativement, les changez immédiatement et pensez positivement. La plupart des gens posent pourquoi on ne peut pas penser négativement pour quelques minutes? Car ces pensées se rejoignent et deviennent une croyance forte qu'il est très difficile de la changer.

Les croyances vous empêchent de penser. Vos croyances sont plus importantes que vos capacités. Il y mille personnes meilleures que Bill Gates dans Microsoft, mais seulement Bill Gayes croit qui peut avoir Microsoft. Les meilleures personnes travaillent pour lui.

Les croyances fausses réduisent vos capacités et les vraies croyances vous aident à réussir. Tout ce que nous voyons

Les Lois Cosmiques

dans l'extérieur n'est pas nécessairement réel. Nous pouvons tous les interroger. Par exemple, lorsque nous voyons qu'une personne travaille dur pour gagner de l'argent, ne signifie pas que tous les hommes sont comme lui.

Quoi que vous croyez, vous le verrez beaucoup dans le monde extérieur. Essayez de faire beaucoup d'attention à ce que vous l'aime pour le voir beaucoup.

Anthony Robbins dit: l'homme est la machine à prouver ses croyances. Il dit: la croyance en l'incapacité de faire certaines choses, c'est la croyance la plus dangereuse qui peut vous détruire.

Il y a certaines croyances qui ne nous laissent pas faire certaines choses, c'est pourquoi nous ne commençons pas à les faire.

Certaines personnes se comparent constamment aux autres et disent: il est différent de moi, son père est riche, il a eu de la chance, il était instruit, sa famille l'a soutenu et il a milliers de raisons pour ne pas faire quelque chose. En effet, il agit selon ses croyances et s'il ne veut pas consciemment changer ses croyances, il continuera ce type de vivre.

Il n'y a aucune limite dans la vie, la seule limite c'est la même que nous avons la définie dans notre esprit. Napoléon Hill dit: la pauvreté et la richesse vient de notre esprit.

Une chose très importante que la plupart des gens ne savent pas, c'est que tout ce qui se passe dans nos vies, même les gens qui entrent dans notre vie, ou même les idées qui entrent dans notre esprit, tous viennent de nos croyances. La plupart des gens ne savent pas ou ne peuvent pas accepter cela. C'est pourquoi ces gens ne peuvent pas être heureux ou riches.

Les Lois Cpsmiques

Comment les croyances se produisent?

Les croyances siègent dans l'esprit jusqu'à l'âge de 7 ans et contrôlent tous ses comportements jusqu'à la fin, à moins qu'on veut les changer. Les croyances entrent dans notre esprit par les différentes manières, comme:
- La famille
- La société
- Les médias comme la télévision, la radio, le satellite et les journaux.
- L'école et l'université
- Les échecs de travail ou émotionnels
- Les amis et les paroles des hommes
- Les croyances rationnelles et logiques
- Les croyances objectives

La plupart de nos croyances sont influencées par les paroles de ceux qui nous avons beaucoup de relations avec eux, surtout les amis, la famille et les proches. Imaginez que vous parlez toujours avec vos amis à propos d'il n'y a aucune bonne fille ou un bon fils et parlez à propos de défection, c'est pourquoi peu à peu vous ne pouvez pas faire confiance à quelqu'un qui change votre point de vue et le monde oblige de vous montrer plus de ce que vous croyez et vous tombez sur l'orbite qu'il y a seulement les paroles de divorce, trahison et de méfiance, et la croyance qu'il n'y a pas de personne de confiance se produit en vous.

Les Lois Cosmiques 131

Comment trouver les croyances limitatives?

La première façon de les trouver et de les améliorer est de poser des questions. C'est-à-dire nous nous pesons pour faire chaque chose, qu'est-ce qui nous empêche du faire? pourquoi je ne peux pas commencer? quelles sont les obstacles? votre réponse à ces questions trouvera la croyance limitative.
La technique de poser des questions est toujours efficace. Préparez une liste de vos réponses et les gardez. Je vais vous dire la technique de les éliminer. Il faut peu à peu remplacer les anciennes croyances par des croyances positives et nouvelles.

Comment on fait les croyances positives?

Premièrement il faut contrôler les entrées de l'esprit. La plupart des entrées de l'esprit, c'est par voir et entendre, et on doit les contrôler et donner les entrées nouvelles à notre esprit.
Ces techniques que je vous présente, sont très utiles:
1. Eteignez la télévision.

La première chose que vous devez éliminer de votre vie, c'est la télévision et réseaux sociaux. Ce sont la source de la plupart des entrées malveillantes. Ce que vous voyez dans les films sur le meurtre, l'échec, non-réussite, la pauvreté, le vol, la prison, la mort, la maladie, la drogue, l'éboulement de l'avion, les mauvais politiques, la guerre, la faim et les milliers d'autres choses que vous voyez, créent les croyances destructrices dans votre esprit.
C'est pourquoi les gens se fâchent et deviennent pauvres de jour en jour. Si vous bien regardez, vous verrez que les gens pauvres ont beaucoup d'envie d'utiliser ces réseaux

comme Telegram, Instagram, What's app, Télévision et le satellite. Alors que les gens riches lisent souvent des livres. Souvent ils trouvent leurs idées dans les livres.

2. Evitez les gens qui sont négatives.

Evitez des kilomètres des personnes négatives. Ils trouvent les problèmes même pour les solutions. Probablement votre environ est plein de ces personnes qui se plaignent toujours et sont toujours insatisfaites. Ils ne savent que blâmes les autres et grommeler. N'essayez les convaincre de penser positivement, car vous consumez votre énergie. Quelqu'un qui aime une chose, il le suivra.

Vous devez commencer peu à peu à penser positivement et à contrôler consciemment vos pensées. Essayez de voir les aspects positives de chaque chose. Tout d'abords c'est difficile mais, petit à petit vous l'apprendrez. La positivité est comme une petite lumière qui grandit lentement et illumine votre vie.

3. Evitrer les discours politiques.

Une autre erreur de la plupart des gens, c'est parler à propos de la critique et de politiciens pendant quelques heures, que finalement ils se quittent par insatisfaction. Parler à propos des erreurs des politiciens comment peuvent vous aider? cela crée seulement plus d'incommodités. Si vous êtes un groupe qui parle de politique ou chaque autre sujet que vous n'aimez pas, vous pouvez utiliser la technique du changement de parole, c'est-à-dire vous pouvez dire une phrase pour changer le sujet. Par exemple: hier tu es allé chez ta mère? quel a été le résultat du football? vous êtes allé où vendredi dernier? Et des milliers d'autres questions que vous pouvez poser pour changer de sujet.

Les Lois Cosmiques

Lorsque vous posez ces questions, la mémoire de l'autre oublie le sujet précédent pendant quelques instants et vous pouvez parler à propos de votre sujet préférable.
Comment changer les croyances limitatives?
Nos croyances ne sont pas apparues dans un jour ou pendant quelques jours. Ces croyances sont le résultat de pensées, de conversations et d'entrées qui sont entrées consciemment ou inconsciemment dans notre esprit.

Levier de la souffrance et du plaisir

L'un des exercices les plus anciens pour supprimer les croyances limitantes, c'est le levier de la souffrance et du plaisir, c'est-à-dire on fuit toujours une souffrance pour aller vers le plaisir. Per exemple: quand nous buvons de l'eau? lorsqu'il nous est difficile de ne pas boire de l'eau et la soif est une souffrance pour nous, nous échappons à la soif et allons vers boire de l'eau qui est plaisir pour nous. Ce que nous faisons dans ce levier, c'est que nous devons montrer une chose très douloureuse pour notre esprit pour aller vers le plaisir. Il faut approprier 21 jours pour ce levier et chaque fois remplacez certaines de vos croyances par de nouvelles croyances.

Par exemple dites

Ne pas avoir de l'argent est une souffrance, et recevoir de l'argent est amusant.
Ne pas avoir une bonne relation est une souffrance et avoir un bon conjoint est amusant.
Ne pas avoir de travail est une souffrance et avoir un travail bien rémunéré est un plaisir.

Vous pouvez utiliser ces techniques pour changer les croyances limitantes:

1.L'utilisation des phrases affirmatives:

Vous remplacerez peu à peu vos croyances limitantes par des croyances correctes, en répétant régulièrement et quotidiennement ces phrases affirmatives et positives. Si vous cherchez les paroles affirmatives convenables, visitez notre site et les préparez comme audio et PDF pour utiliser. Ecoutez-les chaque jour.

2.L'utilisation du modèle:

Etudier des biographies des personnes réussites vous aidera à planifier votre programme à nouveau dans votre esprit et à ignorer les croyances destructrices. Pour votre commodité, nous avons préparé un fichier unique des personnes réussites qui est dans le site. Ce fichier a été préparé par nous pour la première fois au monde. C'est la biographie de plus de 180 personnes réussites dans le monde avec leurs livres. Visitez notre site et les préparez.

3.Contrôler les entrées de l'esprit:

L'utilisation consciente des films, des programmes de la télévision, choisir les bons amis et abandonner les personnes négatives.

4.Conditionnement:

Vous pouvez rem
Placez les croyances négatives par des croyances positives en utilisant cette technique.

5. L'imagination créative:

L'un des façons les plus puissantes de changer les croyances, c'est l'imagination créative. Mais la plupart des

Les Lois Cosmiques

gens la considèrent futile. Mais vous pensez à vos envies pendant la journée.

Rappelez-vous que les croyances sont comme un ressort, vous les dessinez mais elles veulent revenir à la forme d'origine. Vous devez continuer ces techniques longtemps pour que de nouvelles croyances remplacent les croyances destructrices; et vous avez besoin d'un an, car ces croyances s'est produit au fil des ans et elles sont si puissantes, mais rappelez-vois que vous êtes puissants qu'elles. Donc, continuez fortement. Ces croyances sont tout pour nous. Mais le point important c'est que nous n'ayons pas choisi ces croyances nous-même. Même nous n'ayons pas choisi notre religion. Nous avons accepté les croyances de chaque pays où nous sommes nés.

Les croyances sont plus influencées par la famille. Si vous êtes né dans une famille pauvre, probablement vous n'avez pas une bonne situation financière. Si vous êtes né dans une famille qui n'ont pas de bonnes relations, probablement, vous n'expérimenterez pas une bonne relation. Vous êtes comme votre famille. Si vous êtes né dans une famille qui étaient malades la plupart du temps, probablement, vous êtes malade. Si votre parent sont obsédés, vous le serez aussi.

La plupart des gens qui parlent beaucoup de guerre, de pauvreté, de séisme, d'enchérissement, d'inflation et les différentes maladies, vivent dans la peur et l'anxiété. Ces gens ne sont pas heureux. Mais les gens qui pensent positivement, et toujours remercient Dieu, ont une vie heureuse étrangement. La plupart des gens disent: nous ne pouvons pas mettre la tête dans la neige pour ignorer les réalités de la vie.

Il faut leur dit: vous devez penser aux choses que vous voulez avoir dans votre vie.

Le point d'or: à ce que vous faites attention, vous l'invitez dans votre voie.
Maintenant vous pouvez choisir. Vous pouvez faire attention à la pauvreté, la guerre, le vol, le crime, le séisme et l'enchérissement pour les expérimenter ou vous pouvez penser à l'abondance des bénédictions pour les expérimenter.

Consciemment et inconsciemment

Dans une recherche mondiale par Sigmund Freud et ses étudiants qui ont fait une expérience sur des centaines de personnes, ont reçu les mêmes résultats. Il a découvert un facteur si important dans l'esprit de ces personnes. Il le nommait inconsciemment intelligent. Il voyait qu'un facteur contrôle toute mes actions quotidiennes. Il était étonnant de comprendre que l'inconsciemment contrôle 95% de nos activités quotidiennes. Seulement les 5% sont sous le contrôle de consciemment.
Il disait que l'esprit est comme un iceberg flottant sur l'eau. La partie que nous voyons sur l'eau, c'est l'esprit conscient qui contient seulement 5% de cet iceberg, la majeure partie est la partie principale de cette montagne qui est sous l'eau, c'est notre inconsciemment. Si vous faites attention vous comprenez que chaque matin nous sortons du lit sans penser et faisons certains travaux automatiquement. Les activités répétitives comme, se laver, prendre le petit-déjeuner, nettoyer la maison, aller au travail, donc nous faisons la plupart de nos activités automatiquement. En fait, toutes ces activités sont faites par le subconscient.
La plupart de ces choses nous ne pouvions pas faire, mais nous les avons appris par la répétition, comme: marcher,

manger, conduire, faire du vélo, parler. Maintenant nous comprenons que pour pouvoir faire un travail sans effort, il faut le répéter plusieurs fois pour l'entrer dans notre subconscient.

Maintenant, nous savons que pour faire chaque travail facilement, il faut le mettre dans le subconscient pour le faire automatiquement sans l'utilisation d'énergie. C'est pourquoi vous avez besoin deux étapes. Tout d'abord, vous devez donner de nouvelles entrées à notre esprit, puis pour entraîner le subconscient par pratiquer et répéter. Vous pouvez utiliser les cours disponibles sur le site pour les nouvelles entrées pour lire les biographies des personnes réussites et écouter les fichiers régulièrement 3 heures par jours et utiliser les paroles affirmatives. Egalement, nous avons un exercice très important pour vous que maintenant vous devriez regarder vos contacts de votre téléphone pour supprimer toutes les personnes négatives. Pour réussir, vous avez besoin d'être ami avec des personnes positives et réussites. Rappelez-vous que pour réussir vous devez faire des pratiques.

Le cœur, c'est la place du message divin et la compréhension de la fréquence de Dieu.

Quel est le but de Dieu pour dire: on a opposé un sceau silence sur les cœurs des errants?

Il dit dans quelques versets

- Dieu sait ce qui est dans votre cœur, donc Il est savant et patient.

كَذَلِكَ يَطْبَعُ اللَّهُ عَلَى قُلُوبِ الَّذِينَ لَا يَعْلَمُونَ

- Dieu a opposé un sceau sur les cœurs des gens qui ne pensent pas.

أَفَلَا يَتَدَبَّرُونَ الْقُرْآنَ أَمْ عَلَى قُلُوبٍ أَقْفَالُهَا

- Est-ce qu'ils ne méditent pas sur les versets du Coran? Ou il y a des cadenas sur leurs cœurs?

لاَ يَزَالُ بُنْيَانُهُمُ الَّذِى بَنَوْاْ رِيبَةً فِى قُلُوبِهِمْ إِلاَّ أَن تَقَطَّعَ قُلُوبُهُمْ وَاللّهُ عَلِيمٌ حَكِيمٌ

- La construction qu'ils auront construit toujours fera les doutes dans leurs cœurs jusqu'à ce que leurs cœurs changeront, et Dieu est omniscient.

أَفَلَمْ يَسِيرُوا فِى الْأَرْضِ فَتَكُونَ لَهُمْ قُلُوبٌ يَعْقِلُونَ بِهَا أَوْ آذَانٌ يَسْمَعُونَ بِهَا فَإِنَّهَا لَا تَعْمَى الْأَبْصَارُ وَلَكِن تَعْمَى الْقُلُوبُ الَّتِى فِى الصُّدُورِ

- Est-ce qu'ils ne voyageaient pas sur la terre pour réfléchir par leurs cœurs ou écouter par les oreilles. En fait, les yeux ne sont pas aveugles, mais ce sont les cœurs dans la poitrine qui s'aveuglent.

وَلَقَدْ ذَرَأْنَا لِجَهَنَّمَ كَثِيراً مِّنَ الْجِنِّ وَالإِنسِ لَهُمْ قُلُوبٌ لاَّ يَفْقَهُونَ بِهَا وَلَهُمْ أَعْيُنٌ لاَّ يُبْصِرُونَ بِهَا وَلَهُمْ آذَانٌ لاَّ يَسْمَعُونَ بِهَا أُوْلَـئِكَ كَالأَنْعَامِ بَلْ هُمْ أَضَلُّ أُوْلَـئِكَ هُمُ الْغَافِلُونَ

- Ils ont les cœurs qui ne comprennent pas, et les yeux qui ne voient pas et ils sont des oreilles par lesquelles n'entendent pas. Ils sont comme les bestiaux, même plus égarés. Ce sont même les insouciants.

Les Lois Cosmiques

Le cœur est la place du sentiment, signifie ces inspirations du cœur et la compréhension intérieure sont pour les gens qui écoutent leur sentiment intérieur.

Vous avez expérimenté surement que parfois vous étiez inquiétude puis un mauvais événement est arrivé. Le cœur, c'est la première place qui comprend les événements extérieurs. Maintenant on veut parler à propos d'un autre sentiment qui et la loi du sens.

Bonnes sentiments = Bons événements

Il y a beaucoup de versets dans le Coran qui est à propos de n'avoir pas la tristesse.

قُلْ بِفَضْلِ اللّهِ وَبِرَحْمَتِهِ فَبِذَلِكَ فَلْيَفْرَحُواْ هُوَ خَيْرٌ مِّمَّا يَجْمَعُونَ

- Ils doivent être heureux par la miséricorde de Dieu, que c'est plus mieux que tout ce qu'ils amassent.

وَلاَ تَهِنُوا وَلاَ تَحْزَنُوا وَأَنتُمُ الأَعْلَوْنَ إِن كُنتُم مُّؤْمِنِينَ

- Ne soyez triste, car vous êtes supérieur si vous croyez.

وَلاَ يَحْزُنكَ الَّذِينَ يُسَارِعُونَ فِي الْكُفْرِ إِنَّهُمْ لَن يَضُرُّواْ اللّهَ شَيْئاً يُرِيدُ اللّهُ أَلاَّ يَجْعَلَ لَهُمْ حَظًّا فِي الآخِرَةِ وَلَهُمْ عَذَابٌ عَظِيمٌ

- Ne sois pas triste par ceux qui se jettent immédiatement dans la pauvreté, car ils ne font pas de mal à Dieu. Dieu veut ne leur assigner aucune part dans l'au-delà, et il y a un énorme châtiment pour eux.

يَا أَيُّهَا الرَّسُولُ لاَ يَحْزُنكَ الَّذِينَ يُسَارِعُونَ فِي الْكُفْرِ مِنَ الَّذِينَ قَالُواْ آمَنَّا بِأَفْوَاهِهِمْ وَلَمْ تُؤْمِن قُلُوبُهُمْ وَمِنَ الَّذِينَ هَادُواْ سَمَّاعُونَ لِلْكَذِبِ سَمَّاعُونَ لِقَوْمٍ آخَرِينَ لَمْ يَأْتُوكَ يُحَرِّفُونَ الْكَلِمَ مِن بَعْدِ مَوَاضِعِهِ يَقُولُونَ إِنْ أُوتِيتُمْ هَذَا فَخُذُوهُ وَإِن لَّمْ تُؤْتَوْهُ فَاحْذَرُواْ وَمَن يُرِدِ اللّهُ فِتْنَتَهُ فَلَن تَمْلِكَ لَهُ مِنَ اللّهِ شَيْئاً أُوْلَـئِكَ الَّذِينَ لَمْ يُرِدِ اللّهُ أَن يُطَهِّرَ قُلُوبَهُمْ لَهُمْ فِي الدُّنْيَا خِزْيٌ وَلَهُمْ فِي الآخِرَةِ عَذَابٌ عَظِيمٌ

Les Lois Cpsmiques

- Ô Prophète! Que ne te chagrinent pour ceux qui concourent en mécréance, qui affirment avoir la foi dans leurs bouches, mais leurs cœurs sont sans de foi.

وَلاَ يَحْزُنكَ قَوْلُهُمْ إِنَّ الْعِزَّةَ لِلّهِ جَمِيعًا هُوَ السَّمِيعُ الْعَلِيمُ

- Leurs paroles ne te chagrinent pas, tout pouvoir est à propos de Dieu et Il est l'audient et omniscient.

وَاصْبِرْ وَمَا صَبْرُكَ إِلاَّ بِاللهِ وَلاَ تَحْزَنْ عَلَيْهِمْ وَلاَ تَكُ فِى ضَيْقٍ مِّمَّا يَمْكُرُونَ

- Soit patient, car ta patience viendra par l'aide d'Allah. Ne t'afflige pas pour eux et ne sois pas angoissé par leurs pièges.

وَمَن كَفَرَ فَلَا يَحْزُنكَ كُفْرُهُ إِلَيْنَا مَرْجِعُهُمْ فَنُنَبِّئُهُم بِمَا عَمِلُوا إِنَّ اللَّهَ عَلِيمٌ بِذَاتِ الصُّدُورِ

- Ne sois triste par la mécréance de quelqu'un qui a mécru, notre retour est envers Dieu et nous allons les connaître de leurs actions? car Dieu connait les secrets du cœur.

فَلَا يَحْزُنكَ قَوْلُهُمْ إِنَّا نَعْلَمُ مَا يُسِرُّونَ وَمَا يُعْلِنُونَ

- Ne soit triste par leurs paroles, nous savons ce qui est caché et visible.

إِنَّمَا النَّجْوَى مِنَ الشَّيْطَانِ لِيَحْزُنَ الَّذِينَ آمَنُوا وَلَيْسَ بِضَارِّهِمْ شَيْئًا إِلَّا بِإِذْنِ اللَّهِ وَعَلَى اللَّهِ فَلْيَتَوَكَّلِ الْمُؤْمِنُونَ

- La conversation secrète n'est que Satan qui veut attrister les croyants; mais ne peut pas leur nuire sans la permission de Dieu, c'est pourquoi les croyants doivent faire confiance en Dieu.

قُلْنَا اهْبِطُوا مِنْهَا جَمِيعاً فَإِمَّا يَأْتِيَنَّكُم مِّنِّى هُدًى فَمَن تَبِعَ هُدَايَ فَلاَ خَوْفٌ عَلَيْهِمْ وَلاَ هُمْ يَحْزَنُونَ

- On a dit: Descendez de paradis, vous tous. Donc il y a un guidage pour vous par moi, ceux qui me

Les Lois Cosmiques

suivent, il n'y a aucune crainte pour eux et ils ne seront pas affligés.

إِنَّ الَّذِينَ قَالُوا رَبُّنَا اللَّهُ ثُمَّ اسْتَقَامُوا فَلَا خَوْفٌ عَلَيْهِمْ وَلَا هُمْ يَحْزَنُونَ

- Les gens qui disaient: notre Seigneur est Allah. Puis, ils ont résisté. Désormais, il n'y a pas de peur pour eux. Et ils ne seront jamais malheureux.

أَلَا إِنَّ أَوْلِيَاءَ اللَّهِ لَا خَوْفٌ عَلَيْهِمْ وَلَا هُمْ يَحْزَنُونَ

- Soyez conscient que les bien-aimés d'Allah n'auront aucune crainte, et ils ne seront pas affligés.

وَأَوْحَيْنَا إِلَى أُمِّ مُوسَى أَنْ أَرْضِعِيهِ فَإِذَا خِفْتِ عَلَيْهِ فَأَلْقِيهِ فِي الْيَمِّ وَلَا تَخَافِي وَلَا تَحْزَنِي إِنَّا رَادُّوهُ إِلَيْكِ وَجَاعِلُوهُ مِنَ الْمُرْسَلِينَ

- Et nous avons suggéré à la mère de Moïse: Allaite-le et quand tu craindras à couse de Lui, jette-le dans le flot, et n'aie pas peur et ne sois pas triste, car nous te le rendrons et ferons de lui un Messager.

Si vous voulez réaliser vos désirs, premièrement vous devez être heureux, car vous ne serez pas heureux après réaliser les rêves. Maintenant vous devez être heureux pour réaliser vos désirs. Il y a beaucoup de gens qui ont réalisé leurs désirs mais ils sont toujours tristes, car la joie est un sens intérieur et ne dépend pas de la richesse. Choisissez la joie et essayez d'être heureux toujours. C'est la clé de les réaliser. Dieu dit à ses créatures dans plusieurs versets de ne pas être tristes et d'être heureux par la miséricorde de Dieu.

La richesse

Les gens qui ne peuvent pas être riche, croient qu'il n'y a assez d'argent dans le monde pour tous ou ils ont les croyances limitantes à propos de l'argent. Par exemple ils disent: l'argent est la saleté de la paume de ma main, les gens riches n'ont pas reçu par des moyens légaux, devenir riche n'est pas spirituel, les gens pauvres sont plus proches de Dieu. Ce sont les obstacles de votre esprit. Tout d'abord préparez votre esprit pour devenir riche pour que ce monde puisse vous donner cette situation.

Ceux qui n'aiment pas l'argent, sont privés de richesse. Il y a beaucoup d'argent dans le monde car Dieu est infini. Vous pouvez devenir riche par les différentes façons. Probablement vous ne savons pas, mais la raison n'est pas le manque de l'argent. Ne pensez pas que vous devez faire dur pour devenir riche. Parfois une personne devient riche par une idée simple. Est-ce que vous pensez encore que vous pouvez devenir riche par essayer dur?

Est-ce que quelqu'un croit que trois milliards et demi de tomans pouvaient être gagnés en un jour? Snap reçoit le même. C'est combien mensuellement? vous savez pourquoi personne ne le croit pas? Car vous êtes sur une orbite plus basse et vous ne croyez que vous pouvez gagner cet argent. Si vous êtes dans l'orbite plus basse, vous ne pouvez pas devenir riche avec des meilleures idées. Toutes les orbites doivent passer.

Certain posent s'ils se détourneront de Dieu par devenir riche? Qui a dit cette croyance en vous. Si vous n'avez pas d'argent, vous ne pouvez pas aller au maison de Dieu. Mais pourquoi vous pensez que les riches ne connaissent pas Dieu. Est-ce que quelqu'un croit que Mill Gates est un homme mauvais et ne connaît pas Dieu? j'ai vu quelque

Les Lois Cosmiques 143

part qu'il était écrit que les riches sont plus proches de Dieu. Dès que je me sens bien, en pensant à cette phrase. Le dirigeant Corée du Nord a un phrase célèbre: "La richesse est glorieuse". Vous pouvez voir la différence entre ces deux pays; la Corée du Sud est si pauvre, la Corée du nord est si riche.

Si votre famille était pauvre, surement leurs croyances vous affecteront. Par exemple, ma mère toujours était fière de mon père qui travaillait du matin au soir pour un morceau du pain. Un jour j'ai dit à ma mère pourquoi nous sommes encore pauvres, malgré tous ces efforts? Elle s'est mis très en colère comme s'il allumait une allumette sur un baril de poudre à canon, et elle m'a dit que nous devons le remercier de ses efforts. Il fait tout ce qu'il peut. C'est notre destinée. Nous devons être satisfaits du plaisir de Dieu. Mais je n'ai pu pas les accepter. Pourquoi notre destin doit être comme ça. J'ai eu un mal sens.

Cette croyance a affecté mes frères et je ne pouvais pas changer leur croyance. Je suis si triste pour eux et je ne veux pas qu'ils travaillent beaucoup pour être pauvre comme notre père. Dans les pages précédentes, je vous ai dit de ne discuter avec personne. Selon cette loi je ne les discute pas et je les laisse décider eux-mêmes. On ne peut pas obliger une personne de faire quelque chose.

C'est important de vouloir changer et Dieu prépare tout le monde pour vous aider. J'ai expérimenté cette situation dans ma vie. Dieu dit dans le Coran: nous ne changeons pas le destin d'aucun groupe à moins qu'ils se changent eux-mêmes. Je suis le témoin de ce verset: louange c'est pour Dieu.

Les riches sont gentils malgré que vous voyez dans les films. Pourquoi vous insultez les riches et les nomme de voleurs? Si lorsque vous vouliez devenir riche, vote esprit ne vous permettrai pas, cat il imagine que les riches sont mauvais hommes et essaye de vous garder dans cette zone sécurité, même si vous êtes allé au milieu, votre esprit vous ramène à la première place.

Lisez beaucoup de livres. Etudiez les riches pour planifier votre esprit afin d'éliminer les croyances limitantes. Ne parlez pas à propos de l'inquiétude et de la pauvreté. Tout d'abord considérez- vous riche dans votre esprit, puis vous deviendrez riche physiquement.

La question la plus importante que la plupart des gens se posent c'est de savoir comment la richesse vient chez nous pour combien du temps. Il faut dire que nous n'avons pas besoin de savoir d'où vient la richesse. Nous avons tous autant des doigts de notre main, les manières pour devenir riche et quand nous ne trouvons pas une autre manière, nous devenons désespérés.

Vous voyez avec vos yeux une zone limitée et Dieu a autant de solutions à vos problèmes que les étoiles dans le ciel. Faites confiance au timing de Dieu, s'il vous plaît, Il vous donnera ce que vous voulez au bon moment.

Essayez d'avoir le bon sentiment dans chaque situation que vous y êtes et passez cette situation par la patience. Si vous pouvez attendre, vous aurez le bon sentiment, mais si vous n'êtes pas patient et dites que je ne peux pas supporter cette situation, vous envoyez des mauvaises fréquences et vous vous éloignez du but. Si vous essayez de faire attention à vos pensées pour penser positivement, sachez que le monde est dans votre main.

Napoleon Hill dit: personne n'a jamais été obligé d'échouer, à moins qu'il l'accepte dans son esprit. Cette vérité sera répété plusieurs fois car c'est facile qu'une personne accepte l'échec par le premier signe. Une personne impuissante ne peut jamais être un vainqueur et un vainqueur ne capitule jamais.

Les Lois Cosmiques   145

Edison, pour inventer la lampe incandescence a échoué dix mille fois, bien un échec temporaire. Vous avez beaucoup de chances de réussir dans votre jeunesse, car vous êtes plein d'énergie et vous êtes créatif. La plupart des jeunes dans cette situation recherchent bambocher et parler avec le sexe opposé, c'est pourquoi ils abandonnent l'occasion d'apprendre et réussir. Votre seul trésor c'est votre vie. Comprenez pour quoi e pour quel chose vous l'utilisez.

La confiance

La croyance en Dieu vous libère de toute type de dépendance, comme la dépendance au travail, à l'argent, au conjoint, au patron … Votre foi commence à faire lorsqu'un problème se produit. Lorsque vous commencez à faire, le Satan essaye vous décevoir par chaque manière. Il crée des questions dans votre esprit vous vous convaincre que vous ne pouvez pas réussir par la foi en Dieu. Donc on ne peut pas faire rien par le décevoir. Demandez à Dieu à chaque instant de vous guider et cherchez le refuge en Dieu à cause des tentations de Satan. Dieu dit dans le Coran: Satan murmure dans votre oreille pour vous décevoir. Tout ce que vous déçoit, c'est Satan. Demandez à Dieu ce que vous voulez et soyez sûr que Dieu vous les donnera. Il ne déçoit pas l'espoir des gens qui espèrent. Ecrivez cette phrase et la répétez beaucoup pour pénétrer dans votre être. Chaque jour demandez la bénédiction et le sachez comme la source de la bénédiction.
Ne détruisez votre estime de soi pour un morceau du pain. Par exemple quand votre mari est mort, ne soyez pas impatient et croyez que vous avez abandonné seulement votre marie. Vous devez vivre, car votre bénédiction est

chez Dieu. Dieu dit: pour les gens pieux, je les donnerai leur bénédiction d'une manière qu'ils ne peuvent pas comprendre.

Donnez ce que Dieu vous donne pour recevoir plus. Si vous n'avez rien à donner, vous pouvez donner les vêtements que vous ne les utilise pas. Vous pouvez utiliser votre science. Ne vendez jamais les choses que vous ne les utilisez pas. Les donnez à ceux qui en ont besoin et voyez que Dieu comment ouvrira les portes des bénédictions sur vous.

Soyez optimiste à Dieu. Dieu dit: je suis chez le jugé de mon créature. Je les traiterai comme ils pensent à propos de moi. Plus beau que ça vous voulez? croyez le Dieu qui est très gentil et miséricordieux. Faites-Lui confiance tranquillement et soyez gentil avec les hommes et les respectez.

Ceux qui sont déçus à cause de leurs péchés, doivent croire en la miséricorde de Dieu. Dieu pardonne tous les péchés. Vous vous pardonnez aussi. Commencez à nouveau. Soyez ami de Dieu comme vous n'avez pas besoin d'aimer avec quelqu'un d'autre. Ne doutez pas de Lui et aimez-le au fond de votre cœur, car Il vous aime comme ça.

Si vous sentez mal; demandez à Dieu de vous pardonner. Parfois vous êtes triste et plein de haine profond pour des personnes comme votre père, votre mère, les amis ou les gens qui vous ont fait du tort. Pardonne z-leur pour se calmer. Peut-être ils ne sauront jamais que vous les pardonnez mais vous apportez la paix dans votre vie. La haine et la vengeance sont comme un nœud dans votre vie. Pour arriver les bons événements vous devez dénouer ce nœud.

Probablement vous dites que, vous ne pouvez pas me comprendre et ils sont impardonnables. Si je veux vous faire un travail, j'ai les fait auparavant. J'ai pardonné les

Les Lois Cosmiques

gens que n'ai pas pu pendant des années. Mais lorsque j'ai entendu que Dieu pardonne tous les péchés, Il a soufflé son âme en nous, j'ai compris que je peux aussi pardonner. J'ai pardonné et je me suis calmé. Si vous pardonnez au profond de votre cœur, vos larmes coulent sur vos joues. Pardonnez pour voir les miracles de Dieu dans votre vie.
"Wayne Dyer, un célèbre écrivain n'avait pas vu son père depuis des années. Son père les abandonnait. Il cherchait son père depuis longtemps pour lui dire qu'il le détestait. Il a vécu des années avec la haine de son père. Il a compris à 45 ans que son père est décédé dans une villes lointaine. Il prenait un billet pour aller sur le tombeau pur lui dire ce qu'il veut et lui montre sa haine. Il écrivait, lorsque j'arrivais sur son tombeau, j'ai pu seulement pleurer. J'ai pleuré pendant 2 heures pour me calmer. Puis j'ai voulu lui condamner mais j'ai compris comment il est mort dans seul dans une autre ville et en exil et qu'il n'y avait même pas un membre de sa famille pour l'enterrer. J'étais si triste pour mon père. C'était comme si je ne le détestais pas. Personne ne veut mourir en exil en ayant une famille. Je lui disais que surement tu n'as pu pas venir chez nous. Toute mon haine s'est transformé en amour et je suis revenu. Depuis que je pardonnais mon père; Dieu m'a ouvert les portes de la bénédiction.
Quand je lis ce texte, je pleure. J'espère que vous pouvez pardonner les gens que vous font du tort. Pardonnez pour vous calmer.
Si vous avez fait du tort à quelqu'un, pardonnez-vous. Ne vous blâmez pas constamment. Réparez votre erreur si vous pouvez et si vous ne pouvez pas, faites- lui l'aumône. Tous les hommes font l'erreur. Ne pensez pas que comme vous ne voyez pas les erreurs des autres, signifie qu'ils ne font pas erreurs. Nous faisons tous les erreurs pour devenir parfait. Essayez de ne pas les répéter.

Dieu est plus proche de vous tous. Vous ne pouvez pas l'approcher à moins d'être avec Lui. Sentez Dieu dans la profondeur de votre être pour ne pas avoir besoin de rien. Si Dieu ne veut pas une feuille ne peut pas tomber. Le monde est très ordonné et rien n'est pas par hasard. Il n'y a aucune chance. Dieu contrôle tout. Depuis que je connais la loi de l'attraction, j'ai compris cet ordre contrôlé.

Priez beaucoup. C'est votre conversation avec Dieu. Certaines me posent, si Dieu déjà écrit notre destin, alors la prière c'est quoi? Dr.Elahi Ghomshei dit: la prière c'est le départ du temps. Lorsque vous priez, elle va avant l'éternité et avant la préexistence. C'est-à-dire vous allez où qu'ils vous écrivent. La prière c'est pour l'avant décrire. Elle sort du temps et de lieu et vous connecte à l'éternité. Là, ils ordonnent changer ce qui est écrit pour vous. La prière c'est mobiliser des forces intérieures. Il y a des forces dans notre intérieur qui réunissent lorsque vous priez pour guérir une maladie ou résoudre des problèmes. Mobilisez vos fores intérieures à l'aide de Dieu.

Dieu dit: priez pour que je vous réponds. Je vois beaucoup de gens qui considèrent des conditions difficiles pour prier. Mais je dis toujours laisser prier par leurs propres paroles. Priez comme ce que vous voulez.

Si vous priez pleuvoir, prenez le parapluie, c'est-à-dire croyez que Dieu réalisera. Ce que vous voulez, croyez que vous le méritez. Donc continuez vos rêves avec la confiance en Dieu. Soyez heureux par la miséricorde de Dieu qui est meilleur pour vous que tous que vous avez ramassé. Soyez prêt de recevoir vos désirs. Dépendez de l'aide de Dieu plus que tout autre. Demandez tout à Dieu. Si vous oubliez tous vous verrez les miracles de Dieu dans votre vie. Donc c'est facile à dire. Nous supplions tout le monde puis allons chez Dieu après devenir déçu.

Les Lois Cosmiques — 149

Si vous n'êtes pas capable de faire quelque chose, comptez sur Dieu pour sentir la tranquillité. Vous essayez dans votre vie et changez vos croyances avec ce que vous avez appris dans ce livre pour réaliser vos rêves.
Dieu est la seule fenêtre d'espoir qui ne se fermera jamais. C'est le seul qu'on peut Lui demander avec la bouche fermée. On peut aller chez Lui avec une jambe cassée. Il est le seul acheteur qui achète des choses cassées. C'est le seul qui reste quand tout le monde est parti. Quand tout le monde vous quitte, Il ouvre ses mains et c'est le seul roi qui se calme par pardonner pas par punir et venger...
Voyez que Dieu est gentil et le consulteur puissant. Parlez chaque moment avec Lui avec votre propre langue. Il entend de vous l'appelez. Vous passez tout votre vie par vos pensées, maintenant laissez Dieu de décider pour vous. Voyez Dieu comme une pure miséricorde. Sa miséricorde contrôle sa colère. Commencez à parler intérieure avec Dieu. Dites je parle seulement avec Dieu.
Ressentez Dieu, quand vous mangez. Appelez-le quand vous marchez. Sentez-le s'il vous plaît. Sentez-le pour que votre vie soit plein de la paix. Sentez-le par votre cœur. Oubliez le paradis et l'enfer. Pensez seulement à Lui. Lorsque votre être soit plein de son parfume, vous sentirez la signification de la vie. Abandonner le Dieu impatient que les autres ont créé pour vous et remplacez le Dieu gentil. La plupart des gens ont un Dieu qu'ils craignent. Comment vous pouvez parler avec le Dieu que vous avez peur. Croyez le Dieu gentil pour vous donner tant de richesse que vous oubliez tout demandez-lui seulement...

Les Lois Cpsmiques

La santé

Remerciez Dieu chaque jour pour votre santé. Remerciez lorsque vous marcher. Remerciez quand vous mangez. Remerciez quand vous voulez dormir. Imaginez que vous avez dormi la nuit et vous vous réveillez le matin et vous comprenez que partout est noir. Probablement tout d'abord vous pensez qu'il fait encore noir ou que l'électricité est coupée. Comment vous sentirez-vous après avoir vérifié tout vous comprendrez que vous ne pouvez pas voir rien? l'imagination de cette situation est si difficile que nous n'avons pas besoin de définir le reste. Donc, vous devez remercier Dieu pour avoir ces yeux.
La gratitude multiple les bons choses et transforme les mauvais sentiments en bons. N'oubliez-pas que la gratitude a la fréquence la plus élevée. Si vous êtes malade, ne faites pas attention à votre maladie. Si vous la traitez, continuez. Mais concentrez toutes vos émotions sur la santé pour que votre corps soit en harmonie avec votre santé.
Je vois les gens qui parlent p propos de la maladie quand il se voient. Ou ils commencent à parler de leurs problèmes. Donc leur situation n'améliorera pas, même ils absorbent les sentiments des autres.
Pourquoi quand vous commencez à parler avec quelqu'un vous ne parlez pas à propos de la joie et les bons sentiments? Quelle est cette maladie que nous souffrons tous? C'est comme si nous cherchions quelqu'un pour le définir nos malheurs célestes.
Nous sommes insatisfaits de la vie et nous nous inquiétons de mauvais conditions de la société. Nous parlons à propos des maladies et ce que nous n'aimons pas. C'est notre habitude. Nous nous plaignons toujours puis nous disons pourquoi c'est la condition de ma vie et elle empire de jour

Les Lois Cosmiques 151

en jour? Si vous avez lu ce livre jusqu'ici, vous devez être le dernier à continuer cette chaîne imparfaite de plaindre? Maintenant vous vous promettez d'éviter les personnes négatives.
Contrôles les entrées de l'esprit. Laissez d'entrer ce qui est positive. Trouvez les phrases affirmatives convenables de la santé et les répétez chaque jour. Trouvez vos croyances négatives de la santé et replacez les croyances positives.
J'avais un ami qui à chaque fois qu'il tombait malade, je lui disais d'aller chez le médecin, il disait que je me guérirais et c'est étrangement qu'il irait mieux. Maintenant ce n'est pas étrange pour moi, car je sais qu'il croyait qu'il irait mieux. Je dis toujours les gens malades, de ne pas arrêter vos drogues toutes ensemble. Tout d'abord travaillez sur vos croyances et quand vous serez sûr que vous allez bien sans médicament, vous pouvez les diminuer peu à peu ou ne pas utiliser avec les conseils de votre médecin.
Je crois que personne ne vieillit s'il ne croit pas au processus de vieillissement. Nous croyons tous que nous ne vivrons pas plus de 100 ans, parce que nous croyons ce que nous avons vu. Maintenant, si nous voyons que certains vivent 120 ans, nous croirez que nous pouvons aussi.
Rappelez-vous que la réalité de la vie de chacun a été construite selon ses expériences. Par exemple; l'un de mes amis dit que toutes les hommes sont infidèles, et chaque fois qu'il prête de l'argent à quelqu'un, il l'obtient à peine. Il veut dire que tout le monde est comme ça. Mais je crois que si je prête de l'argent à quelqu'un, il me le rendra heureusement et dans le temps convenable; la réalité de ma vie est que tout le monde est ponctuel. Alors, deux expériences différentes ont créé deux réalités. Donc si vous avez quelque chose dans la vie que vous la nommez

la réalité, sachez que vos croyances ont été construites selon la répétition d'un sujet et vous pouvez facilement les changer par le changement vos croyances.

Changez vos questions pour changer votre vie. Par exemple si vous vous posez chaque jour la raison de votre malheur, votre esprit cherche des réponses pour prouver que vous êtes malheur. Mais si vous vous posez pourquoi vous êtes bienheureux, votre esprit vous montrera les choses heureux.

Toutes les événements bons ou mal viennent de nos questions. Imaginez que votre marie vient tard à la maison. D'abord vous vous dites probablement qu'il est dans la circulation, puis vous vous dites pourquoi il ne répond pas à son téléphone. Puis vous le téléphonez, mais il ne vous répond pas. Cette fois vous vous dites probablement un événement mal s'est produit, vous vous posez des questions constamment et votre esprit crée une réponse. Le problème se commence lorsque l'esprit est négatif pour que vous vous disputez avec votre marie pour son retard.

Si vous apprenez poser des questions positives, votre esprit vous donnera les réponses convenables. Par exemple, vous pouvez vous poser toujours qu'est-ce j'ai que je dois remercier Dieu? pourquoi je suis si bienheureux? pourquoi j'ai beaucoup de chances? et des milliers d'autres questions positives. Peut-être que vous n'avez pas toutes ces bénédictions, mais peu à peu votre esprit trouve vos réponses.

Le monde est intelligent

Rien ne se passe dans la structure des particules de l'univers. Dieu dirige tout. Nous pensons que les particules de l'univers sont immobiles, mais tout est vivant aux échelles microscopique et quantique et reçoivent et envoient des informations de l'univers. Tout ce qui est dans le ciel et dans la terre glorifie Dieu. Regardez des arbres dont les mains sont toujours vers le ciel. Est-ce que vous entendez les voix des moineaux louant Dieu? vous entendez la voix du coq dans le matin qui glorifie Dieu? si vous ouvrez vos oreilles, vous entendrez la voix de louange par tout. Regardez vos mains qui prient toujours. Vous ne pouvez pas garder vos mains complètement ouvertes pendant même quelques minutes, ils reviennent rapidement à son état initial pour prier. Maintenant regardez vos mains. Si vous sentez la présence de Dieu partout, vous ne vous sentirez seul. Il est votre souteneur partout.

Venez d'analyser l'importance de l'eau dans le Coran. Est-ce que Dieu a mentionné l'intelligence de l'eau?

يُسَبِّحُ لِلَّهِ مَا فِى السَّمَاوَاتِ وَمَا فِى الْأَرْضِ الْمَلِكِ الْقُدُّوسِ الْعَزِيزِ الْحَكِيمِ

- Ce qui est dans les cieux et ce qui est sur la terre glorifient Dieu.

*Ce verset suffit à montrer l'intelligence de tout l'univers. Ce qui est dans les cieux et ce qui est sur la terre glorifient Dieu sur le chemin de l'évolution et leurs orbites. Est-ce que n'est pas intelligent la particule qui glorifie Dieu?

وَهُوَ الَّذِى خَلَقَ مِنَ الْمَاءِ بَشَرًا فَجَعَلَهُ نَسَبًا وَصِهْرًا وَكَانَ رَبُّكَ قَدِيرًا

- c'est Dieu qui a créé une espèce humaine par l'eau

يَا أَيُّهَا النَّاسُ إِن كُنتُمْ فِى رَيْبٍ مِّنَ الْبَعْثِ فَإِنَّا خَلَقْنَاكُم مِّن تُرَابٍ ثُمَّ مِن نُّطْفَةٍ ثُمَّ مِنْ عَلَقَةٍ ثُمَّ مِن مُّضْغَةٍ مُّخَلَّقَةٍ وَغَيْرِ مُخَلَّقَةٍ لِّنُبَيِّنَ لَكُمْ وَنُقِرُّ فِى

Les Lois Cpsmiques

الْأَرْحَامِ مَا نَشَاءُ إِلَى أَجَلٍ مُّسَمًّى ثُمَّ نُخْرِجُكُمْ طِفْلًا ثُمَّ لِتَبْلُغُوا أَشُدَّكُمْ وَمِنكُم مَّن يُتَوَفَّى وَمِنكُم مَّن يُرَدُّ إِلَى أَرْذَلِ الْعُمُرِ لِكَيْلَا يَعْلَمَ مِن بَعْدِ عِلْمٍ شَيْئًا وَتَرَى الْأَرْضَ هَامِدَةً فَإِذَا أَنزَلْنَا عَلَيْهَا الْمَاءَ اهْتَزَّتْ وَرَبَتْ وَأَنبَتَتْ مِن كُلِّ زَوْجٍ بَهِيجٍ

- Tu vois la terre sèche, dès que Nous l'arrosons de pluie, pour se gonfler et se couvrir de toutes sortes de couples de plantes luxuriantes.

أَوَلَمْ يَرَ الَّذِينَ كَفَرُوا أَنَّ السَّمَاوَاتِ وَالْأَرْضَ كَانَتَا رَتْقًا فَفَتَقْنَاهُمَا وَجَعَلْنَا مِنَ الْمَاءِ كُلَّ شَيْءٍ حَيٍّ أَفَلَا يُؤْمِنُونَ

- Ceux qui ont mécru, n'ont-ils pas vu que les cieux et la terre formaient une masse compacte? Ensuite Nous les avons séparés et fait de l'eau toute chose vivante. Ne croiront-ils donc pas?

الَّذِى جَعَلَ لَكُمُ الْأَرْضَ مَهْدًا وَسَلَكَ لَكُمْ فِيهَا سُبُلًا وَأَنزَلَ مِنَ السَّمَاءِ مَاءً فَأَخْرَجْنَا بِهِ أَزْوَاجًا مِّن نَّبَاتٍ شَتَّى

- C'est Lui qui vous a assigné la terre comme berceau et vous y a tracé des chemins et qui fait tomber une eau du ciel avec laquelle Nous faisons germer des couples de plantes de toutes sortes."

أَوَلَمْ يَرَوْا أَنَّا نَسُوقُ الْمَاءَ إِلَى الْأَرْضِ الْجُرُزِ فَنُخْرِجُ بِهِ زَرْعًا تَأْكُلُ مِنْهُ أَنْعَامُهُمْ وَأَنفُسُهُمْ أَفَلَا يُبْصِرُونَ

- Ne voient-ils pas que nous conduisons l'eau vers le sol aride? Ainsi Nous en faisons sortir une végétation que consomment leurs bestiaux et eux-mêmes? Ne le voient-ils donc pas?

وَفِى الْأَرْضِ قِطَعٌ مُّتَجَاوِرَاتٌ وَجَنَّاتٌ مِّنْ أَعْنَابٍ وَزَرْعٌ وَنَخِيلٌ صِنْوَانٌ وَغَيْرُ صِنْوَانٍ يُسْقَى بِمَاءٍ وَاحِدٍ وَنُفَضِّلُ بَعْضَهَا عَلَى بَعْضٍ فِى الْأُكُلِ إِنَّ فِى ذَلِكَ لَآيَاتٍ لِّقَوْمٍ يَعْقِلُونَ

Les Lois Cosmiques

- Et sur la terre il y a des parcelles voisines les unes des autres, des jardins [plantés] de vignes, et des céréales et des palmiers, en touffes ou espacés, arrosés de la même eau, cependant Nous rendons supérieurs les uns aux autres quant au goût. Voilà bien là des preuves pour des gens qui raisonnent.

أَفَرَأَيْتُمُ الْمَاءَ الَّذِى تَشْرَبُونَ أَأَنتُمْ أَنزَلْتُمُوهُ مِنَ الْمُزْنِ أَمْ نَحْنُ الْمُنزِلُونَ لَوْ نَشَاءُ جَعَلْنَاهُ أُجَاجًا فَلَوْلَا تَشْكُرُونَ

Est-ce vous qui avez fait descendre l'eau des nuages? ou en sommes Nous le descendeur? Si nous le voulions Nous la rendrions salée. Pourquoi n'êtes-vous donc pas reconnaissants?

وَتَحْسَبُهُمْ أَيْقَاظًا وَهُمْ رُقُودٌ وَنُقَلِّبُهُمْ ذَاتَ الْيَمِينِ وَذَاتَ الشِّمَالِ وَكَلْبُهُم بَاسِطٌ ذِرَاعَيْهِ بِالْوَصِيدِ لَوِ اطَّلَعْتَ عَلَيْهِمْ لَوَلَّيْتَ مِنْهُمْ فِرَارًا وَلَمُلِئْتَ مِنْهُمْ رُعْبًا

Donnez-leur un exemple de vivre dans le monde, qui est comme l'eau descendue du ciel.

وَإِنَّ لَكُمْ فِى الْأَنْعَامِ لَعِبْرَةً نُّسْقِيكُم مِّمَّا فِى بُطُونِهِ مِن بَيْنِ فَرْثٍ وَدَمٍ لَّبَنًا خَالِصًا سَائِغًا لِلشَّارِبِينَ

Et certainement, il y a une leçon pour vous dans les bestiaux. Nous vous abreuvons de ce qui est dans leurs ventres, (un produit) extrait des excréments (nourriture digestible) et du sang, un lait pur pour les buveurs.

وَأَرْسَلْنَا الرِّيَاحَ لَوَاقِحَ فَأَنزَلْنَا مِنَ السَّمَاءِ مَاءً فَأَسْقَيْنَاكُمُوهُ وَمَا أَنتُمْ لَهُ بِخَازِنِينَ

Et c'est Nous qui envoyons les vents fécondants; puis Nous avons fait descendre l'eau du ciel, avec laquelle Nous étanchons votre soif, et ce n'est pas vous qui détenez cette richesse.

Les Lois Cpsmiques

Les verstes de la bénédiction

Dans plusieurs versets, Dieu rappelle à ses créateurs ses bénédictions pour nous dire qu'il les augmentera en rappelant. Le remerciement est une bénédiction de Dieu qui augmente notre capacité de les avoir. Rappeler la bénédiction augmente le bonheur du cœur et l'homme comprend que le monde est plein de bénédictions et il ne doit pas être inquiet. Remerciez dieu chaque moment pour voir ses miracles.

يَا أَيُّهَا الَّذِينَ آمَنُوا اذْكُرُوا نِعْمَتَ اللّهِ عَلَيْكُمْ إِذْ هَمَّ قَوْمٌ أَن يَبْسُطُوا إِلَيْكُمْ أَيْدِيَهُمْ فَكَفَّ أَيْدِيَهُمْ عَنكُمْ وَاتَّقُوا اللّهَ وَعَلَى اللّهِ فَلْيَتَوَكَّلِ الْمُؤْمِنُونَ

O les croyants! Rappelez-vous le bienfait d'Allah à votre égard.

فَبِأَيِّ آلَاءِ رَبِّكَ تَتَمَارَى

Alors, de quels bienfaits d'Allah te doutes-tu?

نِعْمَةً مِّنْ عِندِنَا كَذَلِكَ نَجْزِي مَن شَكَرَ

En tant qu'un bienfait de Notre part, c'est ainsi que Nous récompensons la personne qui loue.

فَبِأَيِّ آلَاءِ رَبِّكُمَا تُكَذِّبَانِ

Lequel donc des bienfaits de votre Seigneur nierez-vous?

إِنَّ الْأَبْرَارَ لَفِي نَعِيمٍ

Les bons seront, certes, dans un [jardin] de délice,

إِنَّ الْأَبْرَارَ لَفِي نَعِيمٍ

Les bons seront dans [un Jardin] de délice,

وَأَمَّا بِنِعْمَةِ رَبِّكَ فَحَدِّثْ

Et maintenant raconte les bienfaits de ton Seigneur.

إِنَّ الْإِنسَانَ لِرَبِّهِ لَكَنُودٌ

Certainement que, l'homme, est ingrat envers son Seigneur.

Les Lois Cosmiques

وَنَعْمَةٍ كَانُوا فِيهَا فَاكِهِينَ

Que de délices au sein desquels ils se réjouissaient.

يَا أَيُّهَا الَّذِينَ آمَنُوا اذْكُرُوا نِعْمَةَ اللَّهِ عَلَيْكُمْ إِذْ جَاءَتْكُمْ جُنُودٌ فَأَرْسَلْنَا عَلَيْهِمْ رِيحًا وَجُنُودًا لَّمْ تَرَوْهَا وَكَانَ اللَّهُ بِمَا تَعْمَلُونَ بَصِيرًا

O vous qui croyez! Rappelez-vous le bienfait d'Allah sur vous;

وَمَا يَسْتَوِي الْبَحْرَانِ هَذَا عَذْبٌ فُرَاتٌ سَائِغٌ شَرَابُهُ وَهَذَا مِلْحٌ أُجَاجٌ وَمِن كُلٍّ تَأْكُلُونَ لَحْمًا طَرِيًّا وَتَسْتَخْرِجُونَ حِلْيَةً تَلْبَسُونَهَا وَتَرَى الْفُلْكَ فِيهِ مَوَاخِرَ لِتَبْتَغُوا مِن فَضْلِهِ وَلَعَلَّكُمْ تَشْكُرُونَ

Vous profitiez de Sa grâce. Afin que vous soyez reconnaissants.

غَافِرِ الذَّنبِ وَقَابِلِ التَّوْبِ شَدِيدِ الْعِقَابِ ذِي الطَّوْلِ لَا إِلَهَ إِلَّا هُوَ إِلَيْهِ الْمَصِيرُ

Quelqu'un qui pardonne des péchés, l'Accueillant au repentir, le Dur en punition, le Détenteur des faveurs. Point de divinité à part Lui et vers Lui est la destination.

يَا أَيُّهَا النَّاسُ اذْكُرُوا نِعْمَتَ اللَّهِ عَلَيْكُمْ هَلْ مِنْ خَالِقٍ غَيْرُ اللَّهِ يَرْزُقُكُم مِّنَ السَّمَاءِ وَالْأَرْضِ لَا إِلَهَ إِلَّا هُوَ فَأَنَّى تُؤْفَكُونَ

O hommes! Rappelez-vous le bienfait d'Allah sur vous: existe-t-il en dehors d'Allah, un créateur qui du ciel et de la terre vous attribue votre subsistance?

وَإِذْ تَأَذَّنَ رَبُّكُمْ لَئِن شَكَرْتُمْ لَأَزِيدَنَّكُمْ وَلَئِن كَفَرْتُمْ إِنَّ عَذَابِي لَشَدِيدٌ

Si vous êtes reconnaissants, très certainement J'augmenterai [Mes bienfaits] pour vous. Mais si vous êtes ingrats, Mon châtiment sera terrible.

وَمَا بِكُم مِّن نِّعْمَةٍ فَمِنَ اللَّهِ ثُمَّ إِذَا مَسَّكُمُ الضُّرُّ فَإِلَيْهِ تَجْأَرُونَ

Et tout ce que vous avez de béni provient d'Allah.

وَآتَاكُم مِّن كُلِّ مَا سَأَلْتُمُوهُ وَإِن تَعُدُّوا نِعْمَتَ اللَّهِ لَا تُحْصُوهَا إِنَّ الْإِنسَانَ لَظَلُومٌ كَفَّارٌ

Et si vous comptez les bienfaits d'Allah, vous ne pourrez pas les compter.

وَإِن تَعُدُّواْ نِعْمَةَ اللّهِ لاَ تُحْصُوهَا إِنَّ اللّهَ لَغَفُورٌ رَّحِيمٌ

Et si vous comptez les bienfaits d'Allah, vous ne saurez pas les dénombrer. Car Allah pardonne, et Miséricordieux.

لاَ تَمُدَّنَّ عَيْنَيْكَ إِلَى مَا مَتَّعْنَا بِهِ أَزْوَاجًا مِّنْهُمْ وَلاَ تَحْزَنْ عَلَيْهِمْ وَاخْفِضْ جَنَاحَكَ لِلْمُؤْمِنِينَ

Ne regarde surtout pas avec envie les choses dont Nous avons donné jouissance temporaire à certains couples d'entre eux, ne t'afflige pas à leur sujet et abaisse ton aile pour les croyants.

وَمَا بِكُم مِّن نِّعْمَةٍ فَمِنَ اللّهِ ثُمَّ إِذَا مَسَّكُمُ الضُّرُّ فَإِلَيْهِ تَجْأَرُونَ

Et tout ce que vous avez de béni provient d'Allah. Puis quand une difficulté vous touche, c'est Lui que vous implorez.

وَنَزَعْنَا مَا فِى صُدُورِهِم مِّنْ غِلٍّ تَجْرِى مِن تَحْتِهِمُ الأَنْهَارُ وَقَالُواْ الْحَمْدُ لِلّهِ الَّذِى هَدَانَا لِهَذَا وَمَا كُنَّا لِنَهْتَدِىَ لَوْلا أَنْ هَدَانَا اللّهُ لَقَدْ جَاءتْ رُسُلُ رَبِّنَا بِالْحَقِّ وَنُودُواْ أَن تِلْكُمُ الْجَنَّةُ أُورِثْتُمُوهَا بِمَا كُنتُمْ تَعْمَلُونَ

Louange à Allah qui nous à Guidée à tout ça.

أَوَعَجِبْتُمْ أَن جَاءكُمْ ذِكْرٌ مِّن رَّبِّكُمْ عَلَى رَجُلٍ مِّنكُمْ لِيُنذِرَكُمْ وَاذْكُرُواْ إِذْ جَعَلَكُمْ خُلَفَاء مِن بَعْدِ قَوْمِ نُوحٍ وَزَادَكُمْ فِى الْخَلْقِ بَسْطَةً فَاذْكُرُواْ آلاء اللّهِ لَعَلَّكُمْ تُفْلِحُونَ

Rappelez-vous les bienfaits d'Allah afin que vous réussissiez.

وَاذْكُرُواْ إِذْ جَعَلَكُمْ خُلَفَاء مِن بَعْدِ عَادٍ وَبَوَّأَكُمْ فِى الأَرْضِ تَتَّخِذُونَ مِن سُهُولِهَا قُصُورًا وَتَنْحِتُونَ الْجِبَالَ بُيُوتًافَاذْكُرُواْ آلاء اللّهِ وَلاَ تَعْثَوْا فِى الأَرْضِ مُفْسِدِينَ

Alors rappelez-vous les bienfaits d'Allah. Ne faites pas de malice sur terre.

Les Lois Cosmiques

ثُمَّ بَدَّلْنَا مَكَانَ السَّيِّئَةِ الْحَسَنَةَ حَتَّى عَفَوا وَّقَالُوا قَدْ مَسَّ آبَاءَنَا الضَّرَّاءُ وَالسَّرَّاءُ فَأَخَذْنَاهُم بَغْتَةً وَهُم لَا يَشْعُرُونَ

Puis Nous avons changé leur mauvaise condition en y substituant le bien, au point qu'ayant grandi en nombre et en richesse, ils dirent: «La détresse et l'aisance ont touché nos ancêtres aussi.» Eh bien, Nous les avons saisis soudain, sans qu'ils s'en rendent compte.

فَإِذَا جَاءَتْهُمُ الْحَسَنَةُ قَالُوا لَنَا هَذِهِ وَإِن تُصِبْهُمْ سَيِّئَةٌ يَطَّيَّرُوا بِمُوسَى وَمَن مَّعَهُ أَلَا إِنَّمَا طَائِرُهُمْ عِندَ اللَّهِ وَلَكِنَّ أَكْثَرَهُمْ لَا يَعْلَمُونَ

Soyez conscient que Dieu, c'est la source des bénédictions

يَا أَيُّهَا الَّذِينَ آمَنُوا إِذَا قُمْتُمْ إِلَى الصَّلَاةِ فَاغْسِلُوا وُجُوهَكُمْ وَأَيْدِيَكُمْ إِلَى الْمَرَافِقِ وَامْسَحُوا بِرُؤُوسِكُمْ وَأَرْجُلَكُمْ إِلَى الْكَعْبَيْنِ وَإِن كُنتُمْ جُنُبًا فَاطَّهَّرُوا وَإِن كُنتُم مَّرْضَى أَوْ عَلَى سَفَرٍ أَوْ جَاءَ أَحَدٌ مَّنكُم مِّنَ الْغَائِطِ أَوْ لَامَسْتُمُ النِّسَاءَ فَلَمْ تَجِدُوا مَاءً فَتَيَمَّمُوا صَعِيدًا طَيِّبًا فَامْسَحُوا بِوُجُوهِكُمْ وَأَيْدِيكُم مِّنْهُ مَا يُرِيدُ اللَّهُ لِيَجْعَلَ عَلَيْكُم مِّنْ حَرَجٍ وَلَكِن يُرِيدُ لِيُطَهِّرَكُمْ وَلِيُتِمَّ نِعْمَتَهُ عَلَيْكُمْ لَعَلَّكُمْ تَشْكُرُونَ

Allah ne veut pas vous imposer quelque gêne, mais Il veut vous purifier et parfaire sur vous Son bienfait. Peut-être serez-vous reconnaissants.

وَاذْكُرُوا نِعْمَةَ اللَّهِ عَلَيْكُمْ وَمِيثَاقَهُ الَّذِي وَاثَقَكُم بِهِ إِذْ قُلْتُمْ سَمِعْنَا وَأَطَعْنَا وَاتَّقُوا اللَّهَ إِنَّ اللَّهَ عَلِيمٌ بِذَاتِ الصُّدُورِ

Et rappelez-vous le bienfait d'Allah sur vous, ainsi que l'alliance qu'Il a conclue avec vous.

وَإِذْ قَالَ مُوسَى لِقَوْمِهِ يَا قَوْمِ اذْكُرُوا نِعْمَةَ اللَّهِ عَلَيْكُمْ إِذْ جَعَلَ فِيكُمْ أَنبِيَاءَ وَجَعَلَكُم مُّلُوكًا وَآتَاكُم مَّا لَمْ يُؤْتِ أَحَدًا مِّنَ الْعَالَمِينَ

«O, mon peuple! Rappelez-vous n'avait donné à nul autre aux mondes.

هُوَ الَّذِى خَلَقَ لَكُم مَّا فِى الأَرْضِ جَمِيعاً ثُمَّ اسْتَوَى إِلَى السَّمَاء فَسَوَّاهُنَّ سَبْعَ سَمَاوَاتٍ وَهُوَ بِكُلِّ شَىْءٍ عَلِيمٌ

C'est Lui qui a créé pour vous tout ce qui est sur la terre, puis Il a orienté Sa volonté vers le ciel et en fit sept cieux. Et Il est Omniscient.

يَا بَنِى إِسْرَائِيلَ اذْكُرُواْ نِعْمَتِىَ الَّتِى أَنْعَمْتُ عَلَيْكُمْ وَأَوْفُواْ بِعَهْدِى أُوفِ بِعَهْدِكُمْ وَإِيَّايَ فَارْهَبُونِ يَا بَنِى إِسْرَائِيلَ اذْكُرُواْ نِعْمَتِىَ الَّتِى أَنْعَمْتُ عَلَيْكُمْ وَأَنِّى فَضَّلْتُكُمْ عَلَى الْعَالَمِينَ

O enfants d'Israël, rappelez-vous Mon bienfait dont Je vous ai comblés, que Je vous ai préférés à tous les mondes.

وَمِنْ حَيْثُ خَرَجْتَ فَوَلِّ وَجْهَكَ شَطْرَ الْمَسْجِدِ الْحَرَامِ وَحَيْثُ مَا كُنتُمْ فَوَلُّواْ وُجُوهَكُمْ شَطْرَهُ لِئَلاَّ يَكُونَ لِلنَّاسِ عَلَيْكُمْ حُجَّةٌ إِلاَّ الَّذِينَ ظَلَمُواْ مِنْهُمْ فَلاَ تَخْشَوْهُمْ وَاخْشَوْنِى وَلأُتِمَّ نِعْمَتِى عَلَيْكُمْ وَلَعَلَّكُمْ تَهْتَدُونَ

N'ayez pas peur des oppresseurs. Mais ayez peur de moi, afin que Je parachève Mon bienfait sur vous, et que vous puissiez parvenir à la Guidée.

يَا أَيُّهَا الَّذِينَ آمَنُواْ كُلُواْ مِن طَيِّبَاتِ مَا رَزَقْنَاكُمْ وَاشْكُرُواْ لِلّهِ إِن كُنتُمْ إِيَّاهُ تَعْبُدُونَ

O les croyants! Mangez des nourritures licites que Nous vous avons attribuées. Et si c'est Lui seul que vous servez, soyez reconnaissants envers Allah.

وَإِذَا طَلَّقْتُمُ النِّسَاءَ فَبَلَغْنَ أَجَلَهُنَّ فَأَمْسِكُوهُنَّ بِمَعْرُوفٍ أَوْ سَرِّحُوهُنَّ بِمَعْرُوفٍ وَلاَ تُمْسِكُوهُنَّ ضِرَارًا لَتَعْتَدُواْ وَمَن يَفْعَلْ ذَلِكَ فَقَدْ ظَلَمَ نَفْسَهُ وَلاَ تَتَّخِذُواْ آيَاتِ اللهِ هُزُوًا وَاذْكُرُواْ نِعْمَتَ اللهِ عَلَيْكُمْ وَمَا أَنزَلَ عَلَيْكُمْ مِّنَ الْكِتَابِ وَالْحِكْمَةِ يَعِظُكُم بِهِ وَاتَّقُواْ اللهَ وَاعْلَمُواْ أَنَّ اللهَ بِكُلِّ شَىْءٍ عَلِيمٌ

Rappelez-vous les bénédictions de Dieu, du livre céleste et de la connaissance qu'il a envoyé pour vous conseiller.

Les Lois Cosmiques

وَإِذْ قُلْنَا ادْخُلُوا هَذِهِ الْقَرْيَةَ فَكُلُوا مِنْهَا حَيْثُ شِئْتُمْ رَغَداً وَادْخُلُوا الْبَابَ سُجَّداً وَقُولُوا حِطَّةٌ نَغْفِرْ لَكُمْ خَطَايَاكُمْ وَسَنَزِيدُ الْمُحْسِنِينَ

Et lorsque à cette époque Nous avons dit: "Entrez dans cette ville, et mangez-y à l'envie où il vous plaira; mais entrez par la porte en vous prosternant et demandez la "rémission" de vos péchés; Nous vous pardonnerons vos fautes (Nous transformerons vos péchés en bonnes). Et Nous augmenterons Nos bienfaits pour les bienfaisants.

الصَّابِرِينَ وَالصَّادِقِينَ وَالْقَانِتِينَ وَالْمُنْفِقِينَ وَالْمُسْتَغْفِرِينَ بِالْأَسْحَارِ

Ce sont les endurants, les véridiques, les obéissants, ceux qui dépensent [dans le sentier d'Allah] et ceux qui implorent pardon juste avant l'aube.

فَانقَلَبُوا بِنِعْمَةٍ مِّنَ اللّهِ وَفَضْلٍ لَّمْ يَمْسَسْهُمْ سُوءٌ وَاتَّبَعُوا رِضْوَانَ اللّهِ وَاللّهُ ذُو فَضْلٍ عَظِيمٍ

Ils revinrent donc avec un bienfait de la part d'Allah et une grâce. Nul mal ne les toucha et ils suivirent ce qui satisfait Allah. Et Allah est «possesseur de la grande vertu

فَرِحِينَ بِمَا آتَاهُمُ اللّهُ مِن فَضْلِهِ وَيَسْتَبْشِرُونَ بِالَّذِينَ لَمْ يَلْحَقُوا بِهِم مِّنْ خَلْفِهِمْ أَلاَّ خَوْفٌ عَلَيْهِمْ وَلاَ هُمْ يَحْزَنُونَ

Et joyeux de la Vertu qu'Allah leur a accordée, et ravis que ceux qui sont restés derrière eux et ne les ont pas encore rejoints (ne sont pas encore été martyre) ne connaîtront aucune crainte et ne seront pas affligés.

وَمَن يُطِعِ اللّهَ وَالرَّسُولَ فَأُوْلَئِكَ مَعَ الَّذِينَ أَنْعَمَ اللّهُ عَلَيْهِم مِّنَ النَّبِيِّينَ وَالصِّدِّيقِينَ وَالشُّهَدَاءِ وَالصَّالِحِينَ وَحَسُنَ أُولَئِكَ رَفِيقًا

Quiconque obéit à Allah et au Messager... ceux-là seront avec ceux qu'Allah a fini de Ses bienfaits pour eux: les prophètes, les véridiques, les martyrs, et les vertueux. Et quels bons compagnons que ceux-là!

Qui est responsable de nos malheurs?

Nous devons accepter que nous sommes le responsable de notre vie et ne pas chercher d'autre responsable. Si nous considérons les autres comme le responsable de notre vie, nous n'essayerons pas améliorer notre vie.
Sartre dit: Si un paralyse congénitale ne peut pas être vainqueur de la course, c'est responsable lui-même.
C'est un beau point de vue que l'homme doit responsable pour les événements qui se passent dans sa vie. Nous ne devons pas blâmer des autres lorsqu'un problème se passe dans la vie, comme: ma mère, mon père, mon ami, mon marie, les conditions économiques et la société. Cette pensée de blâmer des autres nous dirige à faire des erreurs constamment, c'est pourquoi nous ne développerons jamais. Par exemple: lorsque notre pied se heurte une pierre et que nous tombons, dites: cette pierre nous poussait d'être tombé.
Si vous acceptez que tout en extérieur vient de nos pensées, vous vivrez tranquillement et vous savez que votre vie est sous votre contrôle et que vous la dirigez ce que vous voulez. Si vous ne médisez pas, ils ne vous médisent pas. Si vous vous ne dites pas mauvais à quelqu'un, ils ne diront pas derrière vous. Si vous n'avez pas des pensées négatives, vous n'absorberez les choses négatives. Si vous connaissez les lois du monde, vous expérimenterez une belle vie. Je vous propose d'abandonner toutes les choses extérieurs de faire attention à votre intérieur. C'est la seule façon qui peut vous aider. Vous ne pouvez pas contrôler tout le monde pour ne pas vous faire du mal. Mais vous pouvez avoir des pensées positives pour empêcher d'entrer les mauvaises choses.

Les Lois Cosmiques 163

Vous avez créé toutes les hommes de votre vie. Imaginez que vous êtes un professeur dans une grande université. Est-ce que vous pensez même 1% qu'ils vous téléphonent pour des bousculades de rue et demandent vous aider pour que vous y allez avec un couteau ou un bois? certainement, NON. Parce que vous ne pensez jamais à combattre, pour cette raison vous n'avez aucune place dans ces combats. Quelqu'un qui fait beaucoup d'attention à une chose, il l'invite dans sa vie. Quel est votre centre d'attention chaque jour. Vous pensez à la pauvreté ou à la richesse, à la paix ou à la guerre, à la confiance ou à la perfidie ou à la maladie.

Si maintenant votre vie n'est pas normale ça dépend de vos pensées et vos actions de votre passé. Mais vous ne penserez pas comme le passé en lisant ce livre et votre vie changera autant de ça. Par exemple vous n'avez pas pris 30 kilos par un jour que vous voulez tout réduire par un jour. Donc vous avez besoin du temps pour changer vos pensées. Ne dépêchez jamais pour faire quelque chose.

La loi de perfectionnement

Il faut savoir que cette loi ne vous aide toujours. Pensez à ce que se passerait si tout ce que nous avons pensé dans notre vie apparaissait soudainement. Parce que chaque moment nous avons les pensées positives et négatives avec une vie plein d'inquiétude. Tout est sur le chemin d'évaluation. Par exemple vous étiez tout d'abords une cellule, puis deux cellules et vous vous êtes multipliés vous êtes devenu un embryon parfait et quand vous êtes né, vous avez grandi petit à petit.

Cette règle est utilisée dans chaque travail. Si vous plantez une graine, qu'aurez-vous après quelques jours? une sèche graine. Vous ne vous attendez pas que cette graine grandit dans un jour? Si vous utilisez cette loi dans tous les travails, vous n'aurez aucun stress. Utilisez cette loi pour obtenir plus d'argent, vous n'aurez aucun problème. Par exemple si vous gagnez un million de tomans par moins, ne vous attendez pas à gagner cent millions de tomans le mois suivant. Vous devez le gagner petit à petit. Ne vous attendez pas à développer seulement dans un jour. Vous avez besoin du temps pour développer peu à peu. Vous avez besoin du temps également pour changer vos pensées. Laissez d'asseoir les pensées positives dans votre esprit pour réduire les pensées négatives. Essayez penser positivement toujours. Vous verrez que le monde sera une bonne place à vivre o=par cette point de vue.

Si vous avez des travails qui sont difficiles à faire, utilisez cette manière. Par exemple, pour écrire votre livre, écrivez une page toujours ou enseignez une autre langue pour les autres pendant 10 minutes chaque jour. Petit à petit vous verrez que vos travails ont été fait sans aucun problème. Prenez le temps pour créer une personnalité importante. Rappelez-vous que même les grands empereurs n'ont pas progressé par un jour. Un athlète professionnel ne devait pas champion par un jour. Donc soyez patient, pour développer chaque action prenez assez du temps.

La loi de l'attraction, la fréquence et l'énergie.

La loi de l'attraction dit: ce que vous pouvez imaginer, il passera dans le monde extérieur et quoi que vous essayez concentrer, il passera bientôt. Chaque pensée qui entre dans notre esprit, sera absorbé par une énergie similaire. Si vous pensez à la pauvreté vous serez pauvre, si vous pensez à la richesse, vous serez riche…

Les Lois Cosmiques 165

Nous imaginons la vie que nous y vivons est solide et immobile et tous sont durs comme une table, la voiture ou la pierre... si vous connaissez la science quantique, vous comprendrez que les objets sont constitués d'atomes et les atomes sont constitués de minuscules particules appelées string. Ces strings tournent. Ils se tournent tellement qu'ils créeront un mur solide et dur. Imaginez un fan, lorsqu'il est éteint vous pouvez facilement le toucher par votre doigt, mais lorsqu'il est allumé, personne ne peut pas le toucher même pour le tester, car il devient comme un mur dur.

C'est le point important à propos de la vie que vous devez savoir. Tout est construit par l'énergie et toutes les choses qui ont les énergies similaires se réuniront sans que vous essayez, signifie chaque énergie absorbera l'énergie similaire. Je vous donne un exemple pour bien comprendre. Par exemple: vous mettez quelques bouilloires pleines d'eau sur le gaz pour faire bouillir, que se passe-t-il lorsque l'eau bout... les vapeurs vont dans l'aire sans votre aide. Maintenant si vous mettez quelques pierres dans les bouilloires, toutes ces pierres restent sous l'eau. Donc est-ce que vous travaillez sur la pierre ou la vapeur?

Quand vous pensez à l'argent, il coulera vers vous. Chaque chose vient vers son énergie similaire. Donc, toutes les choses qui ont les énergies similaires se réuniront... si vous comprenez que chaque moment vous envoyez des fréquences, vous pouvez facilement envoyer la fréquence de votre volonté par changer vos pensées. C'est la même lampe magique, c'est-à-dire vous recevrez ce que vous les penser facilement.

Vous devez apprendre cette loi par cette manière pour prouver dans votre subconscient. Par exemple vous vous souvenez la première expérience de conduite, que vous avez regardé directement devant vous et parfois vous le regardiez pour changer la vitesse, et vous savez les autres. Mais après avoir pratiqué, vous conduisez facilement, même vous parlez avec téléphone et vous répondrez des questions, signifie que conduire entrait dans votre subconscient. Premièrement, vous avez besoins beaucoup de pratiques. Je vous donne la première clé… pratiquer… pratiquer… pratiquer…

Rappelez-vous que trop de richesse n'est pas par beaucoup travail. Vous devez changer vos pensées. Certainement vous avez vu les gens qui moins travaillent, tandis qu'ils sont riches. Je vous dis étape par étape comment vous pouvez être comme eux.

Lorsque je travaillais comme surveillant dans école, j'ai dit aux étudiants qui se plaignaient qu'ils avaient étudié pendant 8 semestres mais n'avaient appris, de recommencer à étudier dès le premier semestre, car vous voyez les premières leçons consciemment, vous les connaissez et vous comprenez que vous pouvez apprendre plus dans ce semestre. Mais personne n'aime y revenir et veut communiquer par cette pensée faute à cause des paroles des hommes qui quitteront désespérés l'école après quelques années.

J'ai dit cette exemple pour que vous quittez votre information à propos de la loi de l'attraction pendant quelques heures et pour lire seulement ce livre sans le comparer. Vous devez le répéter plusieurs fois, car il faut lire ce livre plusieurs fois pour le bien comprendre donc chaque fois vous trouver un nouveau point. Alors vous mieux comprendrez avec le conscience le niveau élevé.

C'est un point d'or pour mieux comprendre…. Si vous voyez mes livres, vous penserez que des milliers de personnes les ont lus par des milliers de fois.

Les Lois Cosmiques 167

Le point le plus important, c'est que vous devez accepter toutes les devoirs de votre vie sont pour vous. Vous comprendrez mon but dans ce livre.

Les années avant, je me posais pourquoi Dieu soufflait son âme en nous quel était son but. La plus belle réponse que j'ai la compris, c'est que nous avons même le pouvoir de créer. Cette croyance changera vote vie.

Cette croyance que l'homme peut changer sa vie comme elle veut, c'est excitant. Généralement, la loi de l'attraction dit que vous avez absorbé ce qui est dans votre vie. Cette croyance vous devient fort et vous ne blâmez pas des autres et vous essayez de changer votre vie.

Toute la loi d'attraction est fréquence et vibration qui ont le même sens. Donc, qu'est-ce la vibration… faire beaucoup d'attention à une chose. Cette loi ne comprend pas "je veux ou je ne veux pas", il prépare ce que vous voulez. Par exemple, imaginez que vous allez à la cuisine pour faire la cuisine et vous dites; je veux oignon, je veux huile, je veux e la viande et vous ne parlez jamais à propos de ce que vous ne voulez pas, par exemple vous ne dites pas; je ne veux pas coulis… je ne veux pas le riz… je ne veux pas la pomme de terre, donc vous prenez ce que vous voulez et vous ne faites pas attention aux autres. La loi de l'attraction ne comprend pas "je ne veux pas"…c'est comme la machine photocopier que ce que vous donnez, il le copie… je vous ai donné cette exemple pour que vous concentrez sur ce que vous voulez… ne dites pas: je ne veux pas cette maison, car elle est si petite. Parlez à propos de votre maison de vos rêves.

Si vous pensez constamment à la maladie, vous absorberez plus de maladies ou si vous pensez i votre dette et payer les facteurs, signifie vous demandez beaucoup de dettes.

Je vous dis que peut-être vous pouvez avoir peur, si vous médises constamment, soyez sûr qu'ils entreront dans votre vie.
Si vous lisez constamment la parte des événements du journal, vous devez attendre les mauvais événements.
Si vous plaignez constamment l'enchérissement ou la pauvreté, vous devez attendre la pauvreté et le malheur.
Les gens qui prennent leur phone sur la main et commencent à prendre un film lorsqu'ils voient un combat dans la rue, ces gens doivent attendre les événements similaires dans leur vie.
Les gens qui parlent toujours à propos de perfidie et regardent les films du satellite et voient leur perfide et leur divorce et les définissent heureusement, ils doivent attendre le divorce dans leur vie.
Si vous définissez les mauvais événements de votre vie, vous expérimenterez comme ces événements plusieurs fois dans leur vie.
Maintenant vous pouvez réfléchir sur les pensées dominantes de votre vie et vous penses surtout à quoi et ce qui est votre sujet lorsque vous parlez aux autres. Faire attention n'est pas seulement penser et parler… écouter aussi est dans ce groupe, même regarder. Ce sont les entrées de votre esprit.
Voyez ce qui se passera quand vous parles beaucoup à propos du malheur…
Sans excuse…à ce que vous pensez, passera… si vous ne résistez pas pour accepter que vous pouvez construire votre vie par vos pensées, votre vie changera. Si vous croyez le monde est plein de bénédiction, vous aidera et c'est l'injustice de Dieu.
Attention! Si vous pensez beaucoup à quelque chose, vous la recevrez beaucoup. Contrôles vos pensées pour contrôles votre vie… votre condition actuelle n'est pas

importante, maintenant commencez à créer votre vie. Probablement, vous posez quand et comment je peur réaliser mes rêves. C'est Dieu qui sait le temps. Vous pouvez réduire ce temps par envoyer beaucoup de fréquences. Imaginez jeter une pierre dans l'eau, vous créez les petites ondes qui grandissent en évitant du centre. Alors, nous devons mettre la vie sur ces orbites. Personne ne peut pas aller du premier à la fin.

Par exemple quelqu'un qui gagne un million de toman par mois, ne peut pas gagner cent millions de tomans dans un jour ou quelqu'un qui a les relations émotionnelles mal, ne peut pas améliorer ses sentiments par un jour... la compréhension de ce sujet vous sauve du désespoir et vous empêche de devenir impatient. Et vous réalisez vos rêves peu à peu.

Des phrases qui donnent la vie

Ce sont les phrases que vous devez les lire plusieurs fois pour pénétrer dans votre corps et pour pouvoir comprendre profondément. Rappelez-vous qu'il ne faut pas avoir beaucoup de informations, mais il faut les faire.
1. N'attendez pas l'occasion, créez.
2. Ne vous éloignez pas, passez.
3. Ne comparez pas, soyez unique.
4. Ne fuyez pas la vie, acceptez-la.
5. Soyez simple, vous serez plein de secrets.
6. Ne jugez pas, traitez équitablement.
7. Soyez vous-même, vous serez unique.
8. Soyez créateur de Dieu, vous libérerez de toute domination.
9. Fermez vos yeux sur les vérités, ouvrez votre esprit.

Les Lois Cpsmiques

10. Acceptez votre faiblesse, vous serez fort.
11. Aimez, vous deviendrez populaire.
12. Soyez silence, vous serez conscient.
13. N'intervenez pas, vous serez guidé.
14. Parlez moins, vous serez efficace.
15. contrôlez-vous, vous contrôlerez l'univers.
16. soyez conscient de l'obscurité de l'esprit, vous serez la lumière de la vie.
17. même si vous êtes maintenant dans une bonne situation, pratiquez pour les jours meilleurs.
18. soyez honnête avec vous-même et ne vous inquiétez pas de ce que les hommes disent.
19. n'aimez pas les autres seulement par leur beauté et leur charme.
20. lorsque vous voulez dire des paroles sarcastiques et allusives aux autres, n'oubliez pas que l'acide brûle tout d'abord son côté.
21. détruisez les mots inconvenables dans l'amitié, connectez les gentillesses.
22. aidez toujours les autres pour les bénir.
23. soyez comme Dieu dans l'amour, ailez sans attente.
24. soyez intelligent pour comprendre, et pour agir soyez si intelligent.
25. soyez reconnaissant et exprime-le.
26. évitez de la jalousie, car tout d'abord vous vous brûlez.
27. pratiquez le contentement dans votre être et remerciez pour avoir les vrais amis.
28. n'essayez pas de garder les autres contents.
29. lorsque vous parlez, laissez les autres parler.
30. ignorez les peurs des autres pour la maladie et abandonnez les pensées négatives.

Les Lois Cosmiques   171

31. soyez heureux et ne faites pas attention à l'extérieur.
32. obligez-vous d'être heureux toujours.
33. tenez-vous devant le miroir et félicitez-vous.
34. commencez à donner premièrement dans votre maison, donnez aux autres ce que vous pouvez.
35. répétez les phrases répétitives
36. Plusieurs fois par jour.
37. croyez que Dieu est la seule source de beauté.
38. si vous souffrez de la maladie, ne parlez pas à propos d'elle et abandonner et plaindre.
39. ne faites pas attention aux paroles toxiques des autres.
40. n'oubliez faire confiance en dieu et demandez-le de vous aider.
41. dédiez le temps pour remercier chaque jour.
42. regardez des films de motivation et étudiez la vie des gens réussis.
43. dédiez le temps pour méditer.
44. cherchez les sujets heureux, car les malheurs vous entoureront.
45. soyez plus la source de l'action que la réaction.
46. si vous voulez dominer les gens qui vous ont fait du tort, vous devez bien les définir aux autres.
47. ne faites pas attention à la réprobation, bonne ou mauvais des autres, mais remerciez-les au fond du cœur.
48. aider aux autres vous rendent heureux que rien comme ça ne vous rendra jamais heureux.
49. vous montrez votre faiblesse par humilier les autres.
50. même un tourbillon de tristesse n'est détruit par des ridicules et des rires.

Que la vie est belle

Lorsque tu reçois ce que tu veux miraculeusement.
Lorsque tu sens influencer positivement sur le monde qui t'entoure.
Lorsque ton corps est en bonne santé.
Lorsque tu peux voyager partout.
Lorsque vous parlez à Dieu, des armes coulent de vos yeux et vous aimez l'embarrasser amoureusement et lui dites: je te remercie vraiment pour tous.
Lorsque les mille de personne vous prient.
Lorsque vous avez toujours des idées devenir riche plus.
Lorsque vous pouvez agir toutes ces promesses et créer pour votre mère une belle vie.
Lorsque vous pouvez trouver beaucoup d'amis partout.
Lorsque vous pouvez acheter ce que vous voulez et ne serez jamais inquiet pour le coût.
Lorsque vous allez n'importe où dans le monde, comme si les meilleurs gens du monde sont là.
Lorsque le monde vous montre beaucoup de surprises.
Lorsque le monde chaque jour vous donne beaucoup de consciences.
Lorsque vous vous voyez les rires des gens.
Puis je me dis que c'était vraiment valeureusement de rester, pratiquer, prendre beaucoup de conscience chaque jour, d'étudier, d'écouter les paroles de mes professeurs, d'accepter de prendre conscience plus. Je remercie Dieu à cause de sa miséricorde. J'apprends toujours car je sais que c'est le seul chemin du bonheur et de la félicité.

Les Lois Cosmiques

La loi de la déviation

Dieu disait plusieurs fois au Prophète de ne pas faire attention à ce que tu ne veux pas et concentre tout ton attention sur Dieu et sur ce que tu veux. Même? Dieu ordonne au Prophète de ne pas faire attention aux gens qui se moquent de Coran, car s'il fait attention à ce qu'il ne veut pas involontairement, il l'attirera.

Voyez comment Dieu parle à propos de la déviation dans ces versets:

اتَّبِعْ مَا أُوحِيَ إِلَيْكَ مِن رَّبِّكَ لَا إِلَهَ إِلَّا هُوَ وَأَعْرِضْ عَنِ الْمُشْرِكِينَ

Suis ce qui t'est révélé de la part de ton Seigneur. Pas de divinité autre que Lui. Et éloigne-toi des associateurs.

خُذِ الْعَفْوَ وَأْمُرْ بِالْعُرْفِ وَأَعْرِضْ عَنِ الْجَاهِلِينَ

Accepte ce qu'on t'offre de raisonnable, commande ce qui est convenable et éloigne-toi des ignorants.

سَيَحْلِفُونَ بِاللَّهِ لَكُمْ إِذَا انقَلَبْتُمْ إِلَيْهِمْ لِتُعْرِضُوا عَنْهُمْ فَأَعْرِضُوا عَنْهُمْ إِنَّهُمْ رِجْسٌ وَمَأْوَاهُمْ جَهَنَّمُ جَزَاءً بِمَا كَانُوا يَكْسِبُونَ

Ils vous feront des serments par Allah, quand vous êtes de retour vers eux, afin que vous passiez (sur leur tort). Détournez-vous d'eux. Ils sont une souillure et leur refuge est l'Enfer, en rétribution de ce qu'ils acquéraient.

وَإِذَا رَأَيْتَ الَّذِينَ يَخُوضُونَ فِي آيَاتِنَا فَأَعْرِضْ عَنْهُمْ حَتَّى يَخُوضُوا فِي حَدِيثٍ غَيْرِهِ وَإِمَّا يُنسِيَنَّكَ الشَّيْطَانُ فَلَا تَقْعُدْ بَعْدَ الذِّكْرَى مَعَ الْقَوْمِ الظَّالِمِينَ

Quand tu vois ceux qui dénigrent Nos versets, éloigne-toi d'eux jusqu'à ce qu'ils entament un autre sujet. Et si le Satan te fait oublier, alors, dès que tu te rappelles, ne reste pas avec les injustes.

وَيَقُولُونَ طَاعَةٌ فَإِذَا بَرَزُوا مِنْ عِندِكَ بَيَّتَ طَائِفَةٌ مِّنْهُمْ غَيْرَ الَّذِي تَقُولُ وَاللَّهُ يَكْتُبُ مَا يُبَيِّتُونَ فَأَعْرِضْ عَنْهُمْ وَتَوَكَّلْ عَلَى اللَّهِ وَكَفَى بِاللَّهِ وَكِيلًا

Ils disent: «Obéissance!», mais, quand ils te quittent une partie d'entre eux commencent à manigancer quelque chose en secret et Allah enregistre tout ce qu'ils manigancent la nuit. Détourne-toi donc d'eux et place ta confiance en Allah. Et Allah suffit comme Protecteur

فَاصْدَعْ بِمَا تُؤْمَرُ وَأَعْرِضْ عَنِ الْمُشْرِكِينَ

Expose donc ouvertement ce qu'on t'a recommandé et détourne-toi des associateurs.

قَدْ أَفْلَحَ الْمُؤْمِنُونَ قَدْ أَفْلَحَ الْمُؤْمِنُونَ الَّذِينَ هُمْ فِى صَلَاتِهِمْ خَاشِعُونَ

Bienheureux sont certes les croyants, ceux qui sont humbles dans leur Salat, qui se détournent des futilités

وَإِذَا سَمِعُوا اللَّغْوَ أَعْرَضُوا عَنْهُ وَقَالُوا لَنَا أَعْمَالُنَا وَلَكُمْ أَعْمَالُكُمْ سَلَامٌ عَلَيْكُمْ لَا نَبْتَغِى الْجَاهِلِينَ

Et quand ils entendent des futilités, ils s'en détournent et disent: «A nous nos actions, et à vous les vôtres. Paix sur vous. Nous ne recherchons pas les ignorants».

فَأَعْرِضْ عَنْهُمْ وَانتَظِرْ إِنَّهُم مُّنتَظِرُونَ

Alors désormais, Détourne-toi d'eux et attends! Certes eux aussi attendent.

فَأَعْرِضْ عَن مَّن تَوَلَّى عَن ذِكْرِنَا وَلَمْ يُرِدْ إِلَّا الْحَيَاةَ الدُّنْيَا

Désormais, détournes ton visage de ceux qui se détournent de Notre zikr et qui ne veulent rien d'autre que la vie de ce monde.

أُولَئِكَ الَّذِينَ يَعْلَمُ اللَّهُ مَا فِى قُلُوبِهِمْ فَأَعْرِضْ عَنْهُمْ وَعِظْهُمْ وَقُل لَّهُمْ فِى أَنفُسِهِمْ قَوْلًا بَلِيغًا

Voilà ceux dont Allah sait ce qu'ils ont dans leurs cœurs. Ne leur tiens donc pas rigueur, exhorte-les, et dis-leur sur eux-mêmes des paroles convaincantes.

Cette loi a été utilisé de la meilleure façon dans votre vie. Si quelque chose vous dérange, ne faites pas y attention. Faire attention à une chose, signifie vous les invitez à votre vie. Si vous voulez supprimer quelqu'un de votre vie, ne vous combattez pas avec lui, il suffit de ne pas faire l'attention pour qu'il quittera votre vie.

Quelle est votre mission?

Il faut dire que Dieu est si juste.il a mis des règles dans le monde qui ne se rapportent pas à votre passé et à votre avenir, son activité est dans le "maintenant". Dieu nous a permis de décider notre destin, c'est la justice de Dieu. Dieu ne juge jamais vos capacités. Il vous a créé infini. Il vous a donné la possibilité de choisir vos pouvoirs pour vous épanouir. C'est vous qui devez trouver la mission de votre vie et en agir. Dans ce monde chaque particule a une mission qui a été guidé vers sa position prédéterminée et placée sur sa propre orbite. C'est ses missions.
Il dit dans le verset 38 de la sourate Yasîn: Et le Soleil qui vogue vers un lieu qui lui est assigné. Tel est le décret du tout-Puissant, de l'Omniscient.
Dans ce monde licite et ordonné, l'irresponsabilité et l'absence du but n'ont aucun sens. Chaque petit désordre est voué à l'échec. Le manque du but est voué à la destruction. Notre mission se manifeste et devient puissante et grandisse chaque instant. Si nous serons en harmonie avec les lois de ce monde, nous serons puissante et guidés. Mais si nous ne pouvons pas être en harmonie avec ces règles, nous nous arrêtons, signifie que nous ne progresserons pas. Il faut être réussit par l'utilisation des contradictions. Nous sommes nés pour progresser par nous connaître et en utilisant différentes expériences.
Connaître ces problèmes et les résoudre augmente notre capacité pour résoudre des problèmes. Progresser dépend de résoudre les problèmes. Notre mission n'est pas

seulement pour faire des activités quotidiennes. Donc nous devons découvrir nos intérêts. Nous commençons à expérimenter des inconnus et connaître des nouveaux problèmes qu'on les appelle, l'expérience. Si nous ne faisons pas nos savoirs, nous ne pouvons pas avoirs des expériences.

Certainement, vous vous posez ces questions chaque jour:
- Je ne connaît ma mission? Comment je peux la trouver?
- Si ma mission est si importante, pour quoi je n'ai aucune hâte de le trouver?
- Comment je peux obtenir mon véritable amour, et comment je peux réussir?
- Pourquoi j'ai peur de commencer? qu'est-ce qu'il se passera si je ne réussis pas?
- Comment je peux trouver mon but principal et ma mission pour en profiter et devenir riche?

L'une de vos tâches les plus importantes et les plus agréable, c'est de trouver votre mission. Votre mission est un travail qu'il faut la faire avec l'amour et ne sentez le passage du temps. C'est comme un travail que vous voulez le faire même si vous ne recevez aucune monnaie. C'est un travail qui ne vous dérange pas et vous la faites studieusement et vous voulez la répéter plusieurs fois.

C'est un travail que vous la faites avec pétiller vos yeux et un sourire sur vos lèvres. Vous tombez amoureux de vous-même. Vous vous admirez. La mission est un travail que vous sentez que vous êtes né pour la faire. Vous sentez que vous vous approchez de Dieu et vous êtes fier de la faire.

La première étape pour connaître la mission, c'est de comprendre que Dieu dirige tout. La fondation du monde est basée sur le guidage. Quelqu'un qui est en harmonie avec les lois du monde sera guidé. Comme une graine qui est guidée par l'eau, la terre et la lumière du soleil vers

Les Lois Cosmiques 177

grandir, s'éclairer et devenir un arbre. Nous aussi, nous serons guidés après avoir décidé de commencer et d'acquérir plus d'expériences.

La deuxième étape, c'est entrer dans les parties inconnues de la vie pour augmenter les expériences. Chaque jour tu dois développer votre science et votre connaissance. Ce n'est jamais asseoir dans une partie et trouver la mission par penser et imaginer. Mais il y a des problèmes qui t'aideront d'obtenir des expériences, de te connaître et de trouver ta mission.

La première étape, c'est comprendre que si vous aidez l'univers et développez le monde et créez une valeur, le monde vous augmentera. Notre mission c'est nous connaître à chaque instant. C'est progresser et recevoir les inspirations et le guidage qui vient vers nous chaque moment comme des singes déterminés. Notre mission c'est connaître ces signes et les faire sérieusement. Pourquoi nous avons besoin de guider étape par étape? car nous sommes nés infiniment. La principale mission de nos vies est une grande perspective. C'est un but sacré et grand et merveilleux car nous ne pouvons pas progresser, nous ne pouvons pas développer le monde. Nous ne pouvons pas utiles pour l'univers. Nous ne pouvons excuser et nous limiter de ne pas étudier. Il suffit détruire la limite des croyances pour expérimenter plus. Notre expérience de vie peut être cuisiner un simple repas, coudre une nouvelle robe d'une manière nouvelle, dessiner une image, pratique de shooter d'une manière particulière, réduire du poids, l'expérience d'un voyage, créer un petit changement dans l'entreprise, un court voyage, lire un nouveau livre, apprendre une nouvelle langue ou déménager dans une autre ville ou votre mission peut être de ne pas faire ou changer une point de vue, peut-être quitter un emploi, quitter une relation, quitter la drogue, quitter le ressentiment, la colère et la haine, quitter l'abusif et de mauvais habitudes seulement par lesquelles nous pouvons être guidés vers l'étape suivante. Si nous ne faisons pas ces étapes, nous ne pouvons pas progresser et nous serons confrontés chaque jour à de plus grandes opposés que nous ne pourrons plus résoudre les problèmes et nous capitulerons. C'est la justice de Dieu. Lorsque vous décidez de changer, vous pouvez rapidement voir les changements à l'extérieure, Dieu envoie ses mains pour nous aider. Peut-être l'un de ces changements c'est connaître un enseignant par lequel Dieu nous parle.

La confiance en soi et l'estime de soi

La confiance en soi, c'est la capacité de travailler, l'estime de soi c'est le sentiment d'être utile.
La confiance en soi, c'est la capacité de travailler. Si vous recevrez beaucoup de courages, vous pouvez développer votre confiance de vous. Vous augmenterez votre confiance en vous en faisant de nouveaux travails et par recevoir des expériences, c'est pourquoi votre peur diminuera. Apprendre une nouvelle langue vous aide. Rappelez-vous plus vous faites mensuellement, plus votre confiance en vous augmentera. Donc concentrez sur apprendre un travail pour recevoir la capacité.
En fait, l'estime de soi est comme la respectant en soi. On peut obtenir le sentiment d'être heureux par des croyances, des expériences, des sentiments et des émotions. Alors la personne pense qui est capable. Donc si vous avez des pensées négatives pour vous-même, votre l'estime de vous est très bas, mais si vous êtes optimiste à propos de vous-même, votre l'estime de vous est plus. Ce sont les signes de la confiance en soi:

Les Lois Cosmiques

- tombez amoureux de nous-même et acceptons que tous dans le monde est utile.
- ayons responsable dans notre vie.
- aimons d'apprendre et de recevoir des nouvelles expériences et sentons être efficace et utile.
- traitons bien avec les problèmes.

L'estime de soi et la confiance en soi viennent de notre enfance qui ont été créés par les parents et des approches. Mettez quelques minutes devant le miroir chaque jour et vous vous définissez. Si vous êtes amoureux de vous-même, tout le monde vous aimera et si vous vous n'aimez pas, le monde vous prouvera que vous n'êtes pas aimable. N'utilisez votre estime de vous jamais pour quelqu'un d'autre qui ne vous aime pas. Jamais n'implorez quelqu'un de vous aimer. Ne mendiez l'amour. Si vous n'avez assez la confiance en vus et l'estime de vous, vous devez les apprendre à nouveau. Visitez notre site pour préparer les discs de ces deux capacités. Ils sont comme deux ailes de voler pour vous. Vous ne pouvez pas faire sans eux.

Pour augmenter l'estime de soi, vous pouvez:
- Faire des bonnes relations
- Apprenez dire "NON"
- Mettez-vous au défi
- Acceptez les mauvais événements
- Définissez vos buts
- Consultez avec des gens utiles
- Convaincre les mauvaises tentations
- Soyez gentil avec vous-même
- Respectez vous-même
- Traitez poliment
- Parlez consciemment
- Etudiez
- Mangez des meilleurs repas

- Méritez-vous
- Allez aux meilleurs restaurants
- Ne parlez pas avec chacun de personne
- Habillez les beaux vêtements
- Soyez poli
- Considérez-vous utile
- Allez partout où vous êtes invité consciemment

La croyance de l'abondance

Il ne faut pas être toujours parmi des problèmes ou ce n'est pas la règle que nous ne pouvions pas réaliser nos rêves toujours ou nous ne pouvions pas aider une autre personne. La pauvreté n'est pas notre destin finaliste.
Vous êtes né de vivre en l'abondance mais si vous vous occupez par des problèmes, la croyance de la pauvreté facilement se produit en vous... vous ne pouvez pas devenir riche jusqu'à vous penserez à la pauvreté.
Vous devez éliminer la croyance de la pauvreté pour créer la croyance de l'abondance en vous. Dieu peut envoyer l'abondance dans votre vie par beaucoup de manières qui sont incroyables pour vous. Si vous faites confiance en Dieu, il vous donnera plus que votre salaire et vous donnera les choses que vous n'avez pas vu déjà. Vous ne savez pas qu'est-ce que Dieu vous a préparé. Vous ne connaissez pas de progrès, les occasions, les miséricordes divines.
Dieu est très heureux de vous donner les bénédictions. Tout est pour Dieu et peut réaliser vos rêves. Cultivez la croyance de l'abondance en vous. Toujours cherchez pour tour trouver une autre croyance de l'abondance. Par exemple, trouvez le nombre des boutiques dans votre quartier, puis dans votre pays, ensuite dans le monde. Ce

ne sont pas indénombrables. Maintenant cherchez le nombre des paires de chaussures dans le monde, combien de voiture y existent, combien de l'homme existe dans le monde ou le nombre des feuilles sur des arbres, le nombre des points dans les mots de chaque livre; combien du sable existe dans la rue?

Cherchez pour les trouver plus. Ils disaient toujours les ressources naturelles comme l'électricité et le gaz se finiront, tandis que dans le monde ils produisent l'électricité par d'énergie solaire. C'est inépuisable. Le monde toujours augmente et il y a l'abondance. Si vous pensez au bon vieux temps, vous comprenez que les techniques de gagner de l'argent augmentaient. Les médias augmentaient. Quoi que vous pensez, augmentaient. Comme les objets de la maison, les équipements du sécurité et l'argent augmentaient. Le monde augmente toujours, c'est pour quoi rappelez-vous que vous devez progresser.

Le Dieu qui a créé ce monde, préparait tous, mais ne signifie qu'il faut exagérer, mais le meilleur l'utilisation des bénédictions est une sorte de la gratitude. Trouvez chaque jour une nouvelle bénédiction pour remercier. La vie sera agréable. Vous avez toujours peur de la croyance de la pauvreté. Vous avez peur de payer. Vous montrez une vie difficile aux autres. Vous êtes né pour profiter di monde. Dieu est approvisionneur durable et il n'y a aucun manque dans son monde. Il est si miséricordieux. Demandez-le plus. Si vos désirs ne sont pas assez grands pour vous effrayer, donc vous n'avez pas de désirs.

La dernière parole

Je vous félicite pour lire tout ce livre. Car maintenant je sais que votre envie de réaliser vos désirs a augmenté. La plupart des gens ne peut pas finir un livre. Lisez ce livre plusieurs fois s'il vous plaît et préparez la file audio, et l'écoutez un peu toujours pour entrer dans votre subconscient. Votre voiture est de votre classe mobile pour écouter les files. Pour augmenter vos connaissances dans le domaine de la richesse et les relations émotionnelles, la confiance en soi et l'estime de soi et la façon de développer votre capacité de la vie dans l'emploi ou le mariage, on a préparé les cours audio et vidéo qui sont dans le site. Visitez le site et préparez chacun de nos cours que vous avez les besoins. Lisez et écoutez ce livre et ces fils pendant un an chaque jour et faites ces pratiques. Vous comprendrez les changements. Partagez votre point de vue avec vos amis dans notre site et suivez leurs résultats, et s'ils vous demandent de les guider, donnez-les vos expériences. Je souhaite être heureux et la santé pour tous les amis partout.

Au revoir

www.moghadassi.com

Ce livre est traduit et publié en 4 langues

Kidsocado Publishing House
Vancouver, Canada

Téléphoner: +1 (833) 633 8654
WhatsApp: +1 (236) 333 7248
E-mail: info@kidsocado.com
https://kidsocadopublishinghouse.com
https://kphclub.com

www.ingramcontent.com/pod-product-compliance
Lightning Source LLC
Chambersburg PA
CBHW071415070526
44578CB00003B/582